André Hennen

KUNST, KOMMERZ & KINDERKRIEGEN

Festanstellung, Freelance,
Firmen- und Familiengründung.

André Hennen

KUNST
KOMMERZ
UND
KINDER-
KRIEGEN

Festanstellung,
Freelance,
Firmen- und Familiengründung.

verlag hermann schmidt

Dieses Buch ist meinen Söhnen gewidmet.

HENRY & BILL.

Ihr seid die Größten.
Macht was draus.

EINFÜHRUNG Dieses Buch ist für alle Kreativen. Es geht darum, wie wir leben wollen und können. Es geht um die Freiheit, unsere eigenen Prioritäten zu setzen zwischen Kunst, Kommerz und Kinderkriegen und diese jeweils bestmöglich umzusetzen.

Dass eine Art Anleitung oder Orientierung zu diesem Thema fehlte, habe ich bei Portfolio- bzw. Bewerbungs-Kursen gemerkt, die ich seit Jahren an mehreren Kreativschulen gebe. Meine ersten Fragen dort sind immer: Was ist euer Ziel? Und wo wollt ihr mit eurem Portfolio hin? Heute antwortet kaum einer mehr mit dem Namen einer aktuellen Top-Adresse der Branche. Stattdessen wollen die meisten *irgendwas anderes*. Was so planlos klingt, ist in Wahrheit erstaunlich frei gedacht: Die einen wollen sich sofort selbstständig machen, die anderen sind an einem Start-up beteiligt, der nächste hat aus seinem Hobby ein Kunstprojekt gemacht, das tatsächlich ausgestellt wird, und wieder andere wollen als Freelancer arbeiten, um ihre parallel laufenden Projekte zu finanzieren. Als Dozent überkam mich anfangs ein Fürsorge-Reflex: Macht doch lieber erst mal etwas Solides. Eine Festanstellung in einer guten Firma zum Beispiel. Ich klang wie meine eigenen Eltern. Die Studenten wollten aber keine Fürsorge, sondern dass ich sie ihren Zielen näherbringe. Sie wollen kein Portfolio, das Personaler überzeugt – sie wollen eins, das Auftraggeber begeistert. Während die *Generation Y* noch nach dem Warum fragte, ist die *Generation!* direkt beim Darum. Und macht einfach.

Wie die meisten Älteren dachte ich: Die werden schon sehen, was sie davon haben. Und das taten sie auch – allerdings klappte es fast immer, und bereut hat es niemand. *»Es ist ein großer Vorteil im Leben, die Fehler, aus denen Sie lernen können, möglichst früh zu begehen«*, sagt Winston Churchill. Jeder lernt eben auf seine Weise. Das war meine Lektion. Es ist naiv zu glauben, dass sich ein junger Kopf nicht weiterentwickelt, wenn er sich nach einer Ausbildung sofort selbstständig macht.

Je nach Typ lernt er vermutlich sogar viel schneller, denn er bekommt die harte wirtschaftliche Wirklichkeit viel direkter ab als ein festangestellter Kreativer – der sich wiederum viel unbekümmerter auf die reine Kreation konzentrieren kann. Jeder Jeck ist anders, sagt der Kölner. Und wer die Möglichkeiten kennt und weiß, was auf einen zukommt, kann sich bewusst entscheiden. Fabian Frese, der Kreativgeschäftsführer von Kolle Rebbe meinte in einem Interview zu diesem Buch, dass die ganze Generation viel freier im Kopf ist und als einzige wirklich verstanden hat, wie viele Chancen überall rumfliegen.

Von dieser Generation können wir alle viel lernen. Und gleichzeitig kann diese Generation auch noch viel lernen. Denn meine 15 Jahre Festanstellung waren keine verlorene Zeit. Ich hatte nicht nur die Chance, von hervorragenden Kreativdirektoren zu lernen, sondern konnte auch für renommierte Marken und Produkte arbeiten und *nebenher* ein hilfreiches Netzwerk aufbauen. Ohne das Wissen aus der Festanstellung wäre ich heute nicht selbstständig.

Und das ist der Unterschied zwischen diesem Buch und einigen Brandreden oder Manifesten gegen die Festanstellung oder die alte Arbeitswelt: Ich will einen möglichst *neutralen Vergleich* der verschiedenen Arbeitssysteme und eine praktische Hilfe, wie Sie im jeweiligen Bereich Fuß fassen und sich bestmöglich verkaufen. Ich will ein Buch, das ich am liebsten 15 Jahre in der Zeit zurückschicken würde, damit mein jüngeres Ich es liest. Vielleicht hätte ich dann die eine oder andere Entscheidung bewusster getroffen – oder sogar anders. Und ich hätte mich definitiv besser verkauft. Mit einem perfekten Portfolio – egal ob für Festanstellung, Freelance, Firmen- oder Familiengründung.

Sie fragen sich, was die Familie in dieser Reihe zu suchen hat? Ganz einfach: Mit einem hervorragenden Portfolio bekommen (auch) Eltern mehr Flexibilität. Denn für hervorragende Kreative machen Auftrag- oder Arbeitgeber vieles möglich. Wenn Sie sich in anderen Ländern umschauen, merken Sie schnell, dass es eine sehr deutsche und höchst seltsame Eigenart ist, Familie und Arbeit gegeneinander auszuspielen. In Deutschland werden Sie schnell als *Rabeneltern* oder zumindest *karrieregeil* hingestellt, wenn Sie Ihr Leben nicht fast ausschließlich Ihren Kindern widmen. Ich halte das nicht nur für Quatsch, sondern auch für eine riesige Verschwendung von Talent. Auf Kinderspielplätzen sitzen vermutlich mehr Frauen mit Master- oder Doktortitel als in den Chefetagen. Ob Kinder glücklicher sind, wenn ihre Eltern mit ihrer gesamten Kompetenz nonstop um sie rotieren, wage ich zu bezweifeln. Deswegen stehen in diesem Buch Privatleben oder Familie auf Augenhöhe mit den Arbeitssystemen. Nicht daneben, sondern mittendrin. Denn wenn Sie alle Möglichkeiten kennen, können Sie ein Ziel definieren – und damit bewusst handeln. Und dieses Handeln besteht unter anderem auch aus Ihrem perfekten Portfolio.

So ist dieses Buch aufgebaut: von der Orientierung bis zur praktischen Umsetzung. Und das gilt für alle Kreativen: vom Designer, Texter, Musiker, Fotografen, Filmer, Motion-Artist, Programmierer, Illustrator bis zum freien Künstler – jeder wählt sein System, positioniert sich darin und verkauft seine Arbeit. In diesen Punkten sind alle Kreativen gleich.

Genau wie in einer anderen Sache: dem Wunsch, ein selbstbestimmtes Leben als Kreativer zu führen. Im Buch 5 Dinge, die Sterbende am meisten bereuen schreibt die Palliativpflegerin Bronnie Ware von einem Wunsch, den fast alle Menschen auf dem Sterbebett äußern:

Ich wünschte,
ich hätte den Mut gehabt,
mein eigenes Leben
zu leben.

Nun, erfreulicherweise leben wir ja noch.
Also – fangen wir an!

KUNST

KOMMERZ

KINDERKRIEGEN

KAPITEL 1

KUNST, KOMMERZ
&
KINDERKRIEGEN

Nach diesem Kapitel wissen Sie,
wo Sie stehen.

Warum ist das Internet voll mit *Do what you love*-Bildchen, aber nur 16 Prozent aller Angestellten sind laut Studien glücklich in ihrem Job? Was ist Ihnen am wichtigsten: Kreation, Geld oder Privatleben? Gibt es Sicherheit, Stress oder Work-Life-Balance wirklich? Was ist eigentlich los da draußen? Und warum arbeiten Sie überhaupt? Haben Sie sich das mal gefragt? Jetzt haben Sie ein Kapitel lang Zeit dafür.

Q **meine arbeit ist** — Google durchsuchen

Google-Suche

Q meine arbeit ist
Q meine arbeit ist sinnlos
Q meine arbeit ist langweilig
Q meine arbeit ist so langweilig
Q meine arbeit ist mir egal
Q meine arbeit ist streng geheim

WO STEHEN WIR? Na, auch keine Lust, morgen wieder zur Arbeit zu gehen? Mit dieser Meinung hätten Sie in Deutschland eine Mehrheit, um die Sie jeder Politiker beneidet: Gigantische 85 Prozent der Festangestellten geben im großen *Gallup Engagement Index* an, dass sie aktuell bei der Arbeit bestenfalls unmotiviert Dienst nach Vorschrift machen oder sogar innerlich gekündigt haben. Mit anderen Worten: Von zehn Beschäftigten sind nicht mal zwei motiviert und glücklich in ihrem Job. Bei einem *besseren* Jobangebot wären 50 Prozent sofort weg. So gering ist die Identifikation mit den Arbeitgebern. Der Unternehmensberater Dominic Veken sagt aus seiner Erfahrung mit Mitarbeitern und Führungskräften in verschiedenen Unternehmen: Arbeit ist wie ein leichter Schnupfen – viele sind überfordert, fühlen sich latent schlecht und hoffen, dass es bald vorbeigeht. Sie denken schon an die nächste Firma, in der sie arbeiten könnten. Auf die Frage, warum oder wofür eigentlich gearbeitet wird, erntet er nur schlappe Antworten und Staunen. Da wird mal ein Sabbatical gemacht oder eine gemeinnützige Sache unterstützt, aber das große Ganze bleibt unbefriedigend. Parallel zu diesem Trauerspiel existiert eine Traumwelt in Form von Internet-Bildchen, die jeder kennt:

Bücher, Filme, Redner und Bilder fordern uns seit Jahren auf *den Traum zu leben* und unser *Ding zu machen*. Warum aber ändern dann doch so Wenige etwas? *Do what you love* mag naiv klingen, aber gegen so einen Plan spricht ja erst mal nicht viel.

Das Problem der Studenten in meinen Kursen ist meist, dass zwar alle beeindruckendes Detailwissen und glühenden Idealismus haben – aber kaum Wissen über das große Ganze und die wirtschaftlichen Zusammenhänge im Speziellen. Sie können das Handwerk, haben aber keine Ahnung, wie sie es verkaufen sollen. *Wenn mein Abschluss gut ist, wird mich schon jemand einstellen.* Dabei könnten Ausnahmetalente auch das Ziel haben, selbst jemanden einzustellen. Wieder andere haben schon Kinder und sahen die völlige Selbstaufgabe auf sich zukommen. Einfach weil sie die Alternative, frei oder zumindest flexibler zu arbeiten, nicht kannten.

Praktisch gesprochen: <u>Wer seinen Traum leben will, muss erst mal wissen, wie der überhaupt aussieht.</u> Sehen Sie sich als Künstler? Wollen Sie reich und berühmt werden? Möchten Sie mehr Zeit für Ihre Familie oder Partnerschaft? Was bedeutet überhaupt Arbeit für Sie? Die Definition laut Lexikon lautet: *Arbeit ist das bewusste schöpferische Handeln eines Menschen.* Also wenn ein Punk nachts Häuserwände mit Anarchie-Zeichen vollsprüht, ist das auch seine Arbeit.

Egal ob als Festangestellter, Freelancer oder mit der eigenen Firma – alles hat seine Vor- und Nachteile. Und es hilft enorm, die zu kennen. Nicht nur für Ihre bewusste Entscheidung, sondern auch gegen Ihren ständigen Zweifel. Die Psychologin Madeleine Leitner sagt, mit der Arbeit ist es wie mit Beziehungen: Je mehr Möglichkeiten und Chancen es gibt, desto unzureichender wirkt der eigene Partner. Die Erwartungen steigen und unter der *einzig wahren Liebe* geht nichts. Dem ist natürlich keine Beziehung gewachsen und dasselbe gilt für den Beruf. Die anderen Wiesen sind eben immer grüner. Glauben Sie zumindest. Machen Sie mit diesem Buch einen Ausflug über alle Wiesen. Hübsche Blumen und dampfende Kuhfladen gibt es überall. Ob Sie dort glücklich werden und zu den motivierten 15 Prozent der Kreativen gehören (werden), hängt vor allem von Ihren Zielen ab.

VORTEILE VON ZIELEN Eine beliebtes Ziel von jungen Kreativen ist: *Ich möchte schöne Dinge machen.* Das klingt grundsätzlich super – solange keiner nachfragt. Zum Beispiel, wie Sie mit diesen schönen Dingen denn Geld verdienen möchten (häufigster Fehler). Oder ob die Welt auf diese Dinge gewartet hat. Oder ob zu diesen Dingen auch so was gehört wie eine Familie zu gründen oder ein Jahr um die Welt zu reisen. Viele arbeiten einfach vor sich hin und machen, was sie schon immer gemacht haben. Andere fangen irgendetwas an, was sie schon nach kurzer Zeit bereuen. Nur wenige fragen sich wirklich *warum* und *wozu* sie etwas machen sollen. Die Antwort darauf nennt sich Ziel und hat eine Menge Vorteile. Allen voran ein gutes Portfolio. Denn kein gutes Portfolio ohne ein gutes Ziel. Kreative mit vielen Arbeiten merken beim Portfolio schnell, dass es eher ein Sammelsurium wird als die Visitenkarte eines klar positionierten Kreativen, der für eine Haltung steht. Es wird alles irgendwie schick arrangiert, aber eine stimmige Botschaft ergibt es nicht. Auftraggeber oder Agentur sollen sich einfach raussuchen, was sie wollen. Das kann funktionieren, ist aber nicht besonders hilfreich für Sie als kreative Marke. Das beste Portfolio bringt Ihnen wenig, wenn Sie nicht wissen, wohin Sie damit möchten. Ohne eigenes Ziel verfolgen Sie die Ziele anderer Leute. Ein extremes Beispiel: Wernher von Braun sagte einmal über seine Rakete aus dem Zweiten Weltkrieg, mit der er eigentlich auf dem Mond landen wollte: »*Die V2 funktionierte perfekt – nur landete sie leider auf dem falschen Planeten.*« Ziehen Sie Grenzen. Definieren Sie, was Sie wollen. Das wird nicht nur Ihr Portfolio ändern, sondern Ihr gesamtes Schaffen. Ihre Arbeit ist zielgerichteter.

Ein Beispiel: Sie haben Grafikdesign studiert, wollen aber lieber texten. Dann ist es Quatsch, viel Liebe und Zeit in ein Design-Portfolio zu stecken. Besser, Sie suchen sich Text-Jobs und versuchen die auf Portfolio-Qualität zu bringen. Oft sind wir in unserem Hobby kreativer als im eigentlichen Job. Dann lohnt sich der Versuch, aus dem Hobby ein zweites professionelles Portfolio zu machen und damit nach Auftraggebern zu suchen. Machen Sie mehr von dem, was Sie mögen. Und weniger von dem, was Sie nicht mögen. Dieser Tipp von Stefan Sagmeister klingt naiv, funktioniert aber. Denn die Arbeiten, mit denen Sie werben bzw. sich bewerben, ziehen andere, ähnliche Arbeiten an. Haben Sie zum Beispiel tolle, extrem knallige Layouts im Portfolio, werden Auftraggeber weitere extrem knallige Layouts von Ihnen wollen.

Dabei ist es übrigens egal, ob Sie Junior-Kreativer, Freelancer oder Agentur-Chef sind. Nachdem eine Arbeit außerordentlich erfolgreich und bekannt geworden ist, können Sie sich darauf einstellen, dass jeder wieder so etwas von

Ihnen will. Als Grabarz und Partner die allererste Edeka-Kampagne *Wir lieben Lebensmittel* entwickelt hatte, wollten Auftraggeber auch viele Jahre später noch *so was wie Edeka*. Gut, wenn die Arbeit zu den Zielen und der Positionierung der Agentur passt (wie in diesem Fall). Nicht so gut, wenn Sie in den Anfangstagen Ihrer Agenturgründung (aus kreativer Sicht) schlimme Dinge für den ersten Profit gemacht haben – und auch Jahre später immer noch einen Großteil Ihrer Arbeitszeit damit verbringen. Idealerweise haben Sie ein Umfeld gewählt, das Sie vor solchen Fallen schützt. Sie wissen, wo und mit wem Sie Ihr Ziel erreichen. Dieser *So-was-will-ich-auch*-Wunsch ist generell ein praktisches Werkzeug. Wenn es Ihnen schwerfällt, Ihr Ziel zu definieren, können Sie sich ein vorhandenes Ziel von jemand anderem suchen – und das eigene daran anpassen (siehe Kapitel *Nachmachen* ab Seite 90). Dann wird aus Ihrem Ziel *eine klare Positionierung*. Die ist Schlüssel jeder guten Marke – und Sie sollten ruhig so selbstbewusst sein, sich als Marke zu sehen. Im Gegensatz zur restlichen Arbeitswelt arbeiten Kreative ab dem ersten Moment immer auch an der eigenen Marke. Es hilft, sich eine Antwort auf die folgenden Fragen zurechtzulegen: Für welche Art von Kreation stehen Sie? An was denken Menschen (oder sollen das in Zukunft), wenn Sie Ihren Namen hören? Was möchten Sie als Kreativer erreichen? Angenommen, ein Auftraggeber sucht eine ganz bestimmte Bildsprache, Tonalität oder einen Spezialisten für eine bestimmte Programmiersprache. Dann ist es wahnsinnig hilfreich, wenn diesem Auftraggeber direkt Ihr Name einfällt. Wenn Sie Ihren Stil über Jahre durchziehen, werden Sie darin so gut, dass Sie dafür bekannt werden.

Und damit beginnen Sie jetzt. Ich war noch keine Woche Textpraktikant, da sagte mir mein damaliger Kreativdirektor Jan Ritter: »*Du fängst jetzt an, deine eigene Marke als Kreativer zu entwickeln, also überleg' dir gut, welche Ideen du präsentierst.«* Das war damals natürlich nur eine freundliche Umschreibung dafür, meine ersten lausigen Ideen möglichst schnell und ohne Zeugen zu entsorgen. Aber abgesehen davon fand ich diesen Satz unglaublich hilfreich. Denn ab diesem Moment war es weniger mein Ziel, Ideen zu entwickeln, die meinem Kreativdirektor gefallen, sondern eher Ideen, die vor allem mir selbst gefallen. Und das ist <u>der beste Weg zu einer Haltung.</u> Sie müssen nicht die Nummer 1 in irgendeinem Ranking sein oder ständig Awards gewinnen. Im Gegenteil. Ihre Haltung kann auch sein, dass Sie der schnelle Kundenversteher oder Problemlöser sind. Aber dann dürften Sie nicht gleichzeitig auch der heiße Superkreative sein wollen, sonst zerreiben Sie sich. Wichtig ist nur, dass Sie überhaupt für etwas stehen.

Es ist ein typisches Dienstleister-Problem, besonders vieler Agenturen, die noch der alten Full-Service-Denke gerecht werden wollen. Ein Auftraggeber will nicht nur Plakate, sondern auch eine Website oder ein digitales Retail-Konzept? Klar, machen wir auch! Auch wenn das Ergebnis nachher meilenweit unter dem eigenen Qualitätsanspruch liegt. Sie passen sich immer mehr dem Markt an – und vergessen Ihre eigenen Werte und Stärken. Irgendwann rennen Sie nur noch hinterher und fragen sich, warum eigentlich. Wenn Sie wissen, was Sie mit Ihrer kreativen Haltung vertreten können und was nicht, passiert das nicht. <u>Sie wissen, was Sie *nicht* machen.</u> Darüber können Sie sich nämlich auch definieren. Sozusagen die Anti-Ziele. Es gibt viele Sprecher und Schauspieler, die es ablehnen, für einen bestimmten Verlag zu arbeiten. Oder Digital-Dienstleister, die bewusst keine Hardselling-Banner machen. Die Reaktionen sind fast immer anerkennendes Nicken. Man könnte auch sagen:

Sie haben erst dann ein Prinzip, wenn es Sie Geld kostet, sich dementsprechend zu verhalten. Sie könnten sich vornehmen, nie für einen Waffenproduzenten zu arbeiten. Aber würden Sie schwach, wenn das millionenschwere Angebot auf dem Tisch liegt? Ein etwas weniger dramatisches, dafür aber realistischeres Beispiel sind Auftraggeber, die Sie schlecht behandeln. Wenn Sie definieren *Ich arbeite nicht für Arschlöcher*, müssten Sie die Zusammenarbeit beenden und auf die Entlohnung verzichten. Auf lange Sicht zahlt sich eine klare Haltung trotzdem aus, da sich so was rumspricht und Sie damit Auftraggeber und vor allem potenzielle Mitarbeiter und Partner beeindrucken. Tom Hanks sagt: »*Wenn Sie Ja sagen, arbeiten Sie einfach nur. Aber Nein zu sagen bedeutet, dass Sie eine Entscheidung darüber getroffen haben, was Sie machen wollen und wer Sie sein wollen.*«

Meine Vorbilder zu diesem Thema waren vor allem Michael Fröhling und Andreas Grabarz. Beide haben ihre eigenen Agenturen gegründet und hatten kein Problem damit, Auftraggebern direkt ins Gesicht zu sagen, was sie von ihnen hielten, wenn diese ein unfaires Angebot oder unmögliches Timing forderten. Die meisten Geschäftsführer lassen in solchen Momenten ihre Mitarbeiter sämtliche Wochenenden und Abendstunden durcharbeiten, denn nach unten *diskutiert* es sich immer einfacher. Aber diese beiden Chefs verteidigten ihre kreative Haltung nach außen – und innen. Wenn das eigene Team die Hoffnung auf eine gute kreative Lösung aufgegeben hatte, hielten sie noch die Fahne hoch und sagten, dann finden wir halt eine andere gute Idee. Das war anstrengend, hat mich aber auch nachhaltig beeindruckt.

Fragen Sie sich in Ruhe selbst, wie Ihre Haltung und Ihre Ziele aussehen. Und falls Sie eigentlich schon immer am liebsten Feuerwehrmann oder Tierarzt sein wollten, ist jetzt ein passender Moment. (Egal wie Sie sich entscheiden, auch Ihr Traumberuf wird ab und zu nerven. Und dann sollten Sie wissen, warum der Feuerwehrmann dann vielleicht doch keine Option war …)

Hier drei Fragen, für die Sie sich etwas Zeit nehmen sollten. Eine gute Antwort darauf dauert bei den meisten einige Jahre (Sie können aber trotzdem schon weiterlesen).

Was Sie vermutlich nach kurzer Zeit merken, ist, dass sich mehrere Ziele nicht besonders gut ergänzen. Mehr Zeit? Oder mehr Geld? Beides nicht schlecht. Man könnte dabei sogar von einem handfesten Konflikt sprechen. Und das mache ich jetzt auch.

Was ist Ihr Ziel als Kreativer?

Warum sind Sie Kreativer?

Was wollen Sie im Leben erreichen?

ZIELKONFLIKTE Es gibt eine Menge guter Ziele, die Sie als Kreativer haben können. Ein paar Beispiele:

- *Reich werden.*
- *Die Welt verbessern.*
- *Karriere machen.*
- *Arbeiten in Museen ausstellen.*
- *Schöne Filme drehen.*
- *Menschen helfen.*
- *Auftraggebern helfen.*
- *Awards gewinnen.*
- *Berühmter Künstler werden.*
- *Ein Produkt optimieren.*
- *Die Welt bereisen.*
- *Mit den weltbesten Kreativen arbeiten.*
- *Etwas für die Nachwelt erschaffen.*
- *Eine große Firma aufbauen.*
- *Etwas Neues erfinden.*
- *Pünktlich Feierabend machen.*
- *Eine Familie gründen.*
- *Wirtschaftliche Unabhängigkeit sichern.*
- *Etc.*

**Erst haben wir keine Zeit für uns selbst
wegen der Schule, dann keine Zeit für den Partner
wegen der Ausbildung, dann keine Zeit für die Kinder
wegen des Berufs, dann keine Zeit für den Beruf
wegen der Kinder.
Mir scheint dieses Modell etwas heikel.**

BJÖRN KERN

Alles relevante Ziele. Leider schließen sich die meisten gegenseitig aus. *Schnelle Karriere* und *pünktlicher Feierabend* sind trotz aller Work-Life-Balance-Diskussion fast unmöglich. Wenn Sie *Awards gewinnen* wollen, sind sehr gute Werbeagenturen der perfekte Ort dafür. Dort wird es mit der Familiengründung eher schwierig (zumindest für einen Elternteil). Und das Ziel *berühmter Künstler werden* wird zumindest anfangs einige Abstriche beim Thema *reich werden* verlangen.

Nicht nur persönliche Ziele, sondern auch das gesamte wirtschaftliche Arbeiten ist voller Zielkonflikte. Beim Tauziehen der Ziele in der Marktwirtschaft stehen sich *Gewinnmaximierung um jeden Preis* und *Moralisch-ökonomisch verantwortungsvolles Handeln* gegenüber. Setzen Sie Ihre Prioritäten, bevor im Tagesgeschäft eine Seite die andere komplett wegreißt.

Um das Thema Zielkonflikte für Kreative etwas übersichtlicher darzustellen, habe ich die drei wichtigsten Faktoren gegenübergestellt und sie Hauptziele genannt.

DIE DREI HAUPTZIELE Jedes Ihrer Ziele befindet sich in einem Spannungsfeld zwischen drei Hauptzielen im Leben jedes Kreativen:

KUNST
Kreativer Anspruch

KINDERKRIEGEN
Privatleben

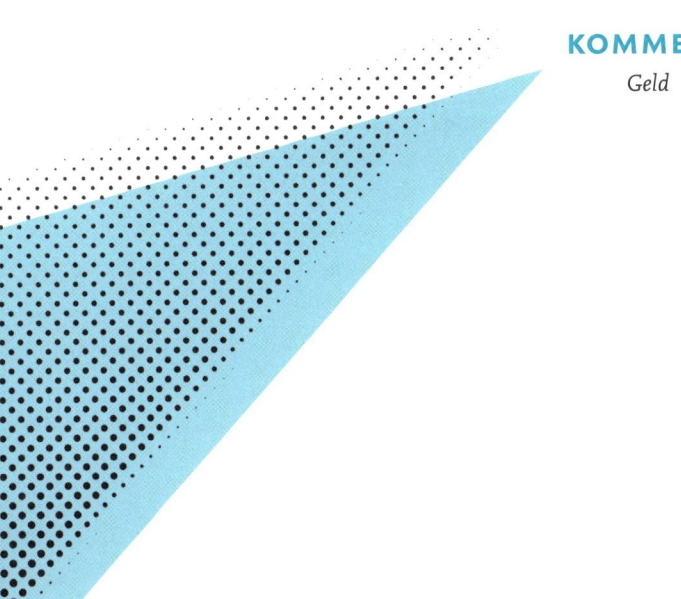

KOMMERZ
Geld

Auf der einen Seite die Kunst. Als Kreation in Reinkultur. Sie haben die Freiheit, alles zu gestalten, was Sie möchten. Ohne Zwänge, Vorgaben oder Zweck kann Kunst einfach nur Kunst sein. Pures kreatives Glück.

Dann kommt die Realität dazu, meist in Form von Kommerz/Geld. Wenn Sie nicht in einer Tonne hausen möchten und es (noch) nicht schaffen, ein bekannter Künstler zu werden, brauchen Sie Auftraggeber, Chefs oder Investoren, die Ihnen für die Kreation Geld geben. Gerne verlässlich jeden Monat. Dafür haben die Geldgeber oft sehr klare Vorstellungen davon, wie die Kreation auszusehen hat. (Und wenn die Vorstellungen nicht so klar sind, wird es noch schwieriger). Im Extremfall tendiert hier die kreative Freiheit nahe Null.

Als wäre das nicht schon kompliziert genug, gibt es noch das Kinderkriegen/Privatleben. Egal ob Sie gerne reisen, viel Zeit mit Freunden verbringen oder eben Kinder haben wollen – die Zeit für Kunst und Kommerz wird knapper. Und gerade wenn Sie sich für Kinder entscheiden und beide Elternteile gleichberechtigt Arbeit und Kinder aufteilen möchten, stehen Sie vor einer organisatorischen Mammutaufgabe.

Auch wenn es hart klingt, es hilft, die drei Hauptziele immer im Auge zu behalten: Schöne Kreation, volle Kasse und erfülltes Privat-/Familienleben. Eine dieser drei Säulen kann schon mal etwas dünner werden, aber wenn eine Säule bricht, bröckelt bald auch der Rest. Jeder von uns hat einen begrenzten Vorrat an Gesamtenergie. Dazu gehören Zeit, Inspiration, Motivation, Kraft und nicht zuletzt körperliche Gesundheit. Schwindet diese Energie, leidet nicht nur Ihre Arbeit, sondern alles. Hatten Sie mal eine Phase, in der Sie wochen- und monatelang praktisch Tag und Nacht durchgearbeitet haben? Dann werden Sie vermutlich wissen, wie es sich anfühlt, richtiggehend *leer* zu sein.

Anders formuliert: *Mit schöner Kreation und voller Kasse – bleibt kaum Energie fürs Privatleben. Mit voller Kasse und viel Privatleben – bleibt kaum Energie für schöne Kreation. Mit schöner Kreation und viel Privatleben – bleibt kaum Energie fürs Geldverdienen.*

Nun bieten *schöne Kreation, glückliche Familie* und *volle Kasse* jede Menge Interpretationsspielraum bzw. glücklicherweise auch Grauzonen: Die einen sind mit ihrer Arbeit zufrieden, wenn sie sie selbst gut finden. Andere freuen sich erst mit Grand Prix bei den Cannes Lions über ihre Arbeit. Beim einen ist die Kasse voll, wenn er nicht knietief im Dispo ist. Der nächste ist erst mit einer halben Million glücklich. Der eine hat ein glückliches Privatleben, wenn er als Single hin und wieder Partys feiern oder exotische Urlaube machen kann. Der nächste will jeden Tag Zeit mit seinen drei Kindern verbringen.

Das Dreieck hilft bei der Orientierung. Denn egal, ob es um Energie für Partys oder Kinder geht – es ist Ihre Energie, die Sie nach Ihren Wünschen einteilen müssen. Nehmen Sie sich (zumindest gedanklich) einen Stift und machen Sie in dem Dreieck einen Punkt, wo Sie Ihre Prioritäten sehen. Die genaue Mitte ist auch möglich – aber dann müssen Sie sich darüber im Klaren sein, dass alles recht mittelmäßig wird. Ein Kreis um das gesamte Dreieck würde bedeuten, in allen drei Punkten brillant zu sein. Das ist ein beeindruckendes Ziel, aber höchstwahrscheinlich mit Enttäuschung verbunden. Seien Sie realistisch.

Angenommen, Sie haben Ihren Punkt im Dreieck gemacht und Sie wissen, was Ihnen wichtig ist. Dann brauchen Sie eine Idee. Und wie der Zufall so spielt, sind Sie Kreativer.

VOM VORTEIL, KREATIVER ZU SEIN

Das Schöne an unserem Job ist, jeden Tag für die kompliziertesten Herausforderungen kreative Lösungen zu finden. Und mal ehrlich: Was für ein fantastisches Talent ist das bitte?! Falls Ihnen das bisher noch nicht aufgefallen ist: Sie können auch selbst eine dieser komplizierten Herausforderungen sein!

Denn wenn Sie sich mitten im Tagesgeschäft mal fragen: *Und das soll ich jetzt bis zur Rente machen?!*, antworten Sie ganz entspannt: Keine Sorge, ich bin Kreativer, mir fällt schon was ein.

Sie suchen eine Idee – ein Biotop, in dem Sie wachsen können. Und wenn Sie es finden, wachsen Sie darin auch über sich hinaus. Sie müssen es nur finden. Und den besten Überblick haben Sie von oben:

DER BLICK VON OBEN Wenn Sie mehr Übersicht möchten, müssen Sie einen Schritt zurücktreten. Oder am besten: einen Schritt nach oben – auf die Metaebene.

So eine Metaebene ist eine ganz praktische Sache. Stellen Sie sich vor, ein Vogel fliegt über Ihnen und schaut Ihnen bei der Arbeit zu. Dieser Vogel ist die Metaebene. Ein zweiter Vogel, der über dem ersten Vogel fliegt und diesem beim Fliegen zuschaut, wäre die zweite Metaebene. Jetzt müssen Sie sich nur in den Vogel hineinversetzen und schon wird der Blick immer weiter.

Die gefährlichste aller Weltanschauungen
ist die der Leute,
welche die Welt nie angeschaut haben.

ALEXANDER VON HUMBOLDT

Das gilt nicht nur fürs Reisen, sondern auch für Arbeitssysteme. Denn oft halten wir das eigene System für das Ideal und stellen alle anderen als Trottel hin, die das vielleicht anders sehen. Aber, das mag manchen Freelancer überraschen: es gibt auch glückliche Festangestellte. Und hier lohnt es sich, auf Kurt Tucholsky zu hören: »*Toleranz ist der Verdacht, dass der andere recht hat.*« Also schauen Sie sich erst in Ruhe um, bevor Sie eine Entscheidung treffen.

Angenommen, Sie arbeiten in einer Werbeagentur. Dann wären das hier Metaebenen Ihrer Arbeit. Versuchen Sie sich jede einzelne Ebene in Ruhe bildlich vorzustellen (für andere Kreativbranchen, zum Beispiel Verlag, Design, Digital etc., ist dieses Bild relativ ähnlich).

1. EBENE

Sie am Schreibtisch bei der
konkreten Arbeit an einem Projekt.

2. EBENE

Sie bei der Arbeit mit allen Projekten,
die Sie gerade haben.

3. EBENE

Sie in Ihrem Team
(zum Beispiel mit Ihrem Teampartner).

4. EBENE

Sie in der Kreationsabteilung
der Agentur.

5. EBENE

Sie in der Agentur insgesamt.

6. EBENE

Sie in der Werbebranche,
mit allen anderen Agenturen um Sie herum.

7. EBENE

Sie als Kreativer im gesamten Markt,
mit Agenturen, Auftraggebern
und Firmen um Sie herum.

8. EBENE

Sie als Kreativer im Markt,
mit Ihrem Privatleben
und Ihren anderen Bedürfnissen.

9. EBENE

Sie als Kreativer im weltweiten
Markt. Mit allen Ländern, Kulturen,
Arbeitgebern und Möglichkeiten
um Sie herum.

10. EBENE

Sie als Mensch auf einem
winzigen Planeten im Universum.

Wieder gelandet? Vermutlich wirken Ihre kleinen organisatorischen Alltagsprobleme jetzt schon deutlich kleiner. Gönnen Sie sich diesen Überblick von Zeit zu Zeit im Kopf. Selbstreflexion stärkt den Charakter – und beruhigt ungemein. Sie merken, dass es nicht nur das eine Projekt, Problem oder Ziel gibt, mit dem Sie sich gerade beschäftigen, sondern unendliche Ideen.

Eine andere Art des Perspektivwechsels finden Sie mit der Technik der *Bricolage*. Hierbei werden sämtliche Facetten eines Problems in einen neuen Zusammenhang gesetzt oder ins Gegenteil verkehrt. Überlegen Sie sich, wie Ihr Leben sein müsste, damit Sie möglichst schnell insolvent, einsam und todunglücklich werden. Speziell als Kreativer erfinden Sie am besten ein Umfeld, in dem Sie Tag und Nacht arbeiten müssen. Sie können praktisch nie im Hellen nach Hause. Die Außenwelt nehmen Sie nur noch medial wahr. Achten Sie darauf, ausschließlich Kreation zu machen, die Sie hassen. Gefragt, was Sie die letzten Jahre gemacht haben, müssen Sie sich Ausreden einfallen lassen, damit Sie nicht vor Scham im Boden versinken. Und natürlich darf keine Idee und kein Projekt jemals realisiert werden. Das wäre ja noch schöner. Bauen Sie Luftschlösser. Sie präsentieren nur für Ihren Chef oder Idioten, die dann später alles entsorgen. Idioten sind ohnehin ein großes Thema in Ihrem Leben. Sie werden nämlich von allen gemobbt – obwohl Sie schon doppelt so viel arbeiten wie jeder um Sie herum. Willkommen in Ihrem persönlichen Horrorszenario. Jetzt wissen Sie schon etwas genauer, was Sie nicht wollen. Sollte dieser imaginäre Horrorzustand zufällig Ihrer aktuellen Situation entsprechen, wird es Zeit etwas zu ändern.

DURCHATMEN &
ANLAUF NEHMEN Falls Sie jetzt schon wissen, was Ihr Ziel

ist: Glückwunsch! Dann können Sie zum Kapitel *Portfolio,
Portfolio & Portfolio* ab Seite 170 weiterblättern, Sie Streber.
Wenn Sie aber (wie die Allermeisten) zwischen einigen Optionen hin- und hergerissen sind, noch gar keine Idee haben
oder vor lauter Möglichkeiten völlig verwirrt sind: dann fragen Sie sich, ob Sie lieber festangestellt, freiberuflich oder
in der eigenen Firma arbeiten möchten. Und ob Sie sich
überhaupt trauen, etwas zu verändern.

Denn fast jeder trägt die Sorge der eigenen Eltern im
Hinterkopf: *Muss das denn sein? Eigentlich geht's dir doch gut.*
Und natürlich haben Eltern damit recht. Richtig schlecht
geht's uns nicht. Aber ein erfülltes kreatives Leben wird oft
als naive Träumerei abgetan. (Obwohl es vielleicht ohne großes Risiko möglich wäre!) Stattdessen ist Durchhalten
angesagt: *Muss ja. Man will ja nicht klagen. Passt schon. Wir
schaffen das schon irgendwie. Zähne zusammenbeißen, dann
wird's bald wieder besser.* Die bekannten Durchhalteparolen
kennt jeder. Und immer geht es darum, etwas zu bewahren.
Aussitzen. Wenn die Situation gerade schon schlecht ist –
ändern Sie lieber nichts – es könnte vielleicht *noch* schlechter werden!

Dabei funktionieren dieselben Parolen auch andersrum.
Als Mutmacher: *Beißen Sie die Zähne zusammen – und ändern
Sie endlich was!* Das ist oft der viel hilfreichere Rat. *Ich will ja
nicht klagen – in der anstrengenden Gründungsphase einer Firma.
Passt schon – dass der Laptop etwas älter ist. Wir schaffen das
schon irgendwie – das neue Projekt auf die Straße zu bringen.*
Und so weiter. Im wahrsten Sinne.

WEITERGEHEN Wer weitergeht oder ständig unterwegs ist, gilt häufig als entwurzelt. Als jemand, der immer etwas Neues macht und scheinbar nie ankommt. Und das gilt selbst heute seltsamerweise meist noch als schlecht. Die Nachkriegsgeneration prägt unser Verhältnis zur Arbeit sogar bis heute: Wer einen Job hatte, behielt ihn damals fast ein Leben lang und galt als verlässliche Säule der Wirtschaft. Wer oft wechselte, nicht. Was wir dabei gerne übersehen, sind fast alle Generationen davor. Die waren nämlich sehr viel mobiler und flexibler als die Nachfahren der Industriegesellschaft, beschreibt Wolf Lotter. Künstler, Handwerker und Forscher zogen von Projekt zu Projekt, von Hof zu Hof und von einer Erfahrung und einem Meisterwerk zum nächsten. Das zeigt jeder beliebige Lebenslauf bekannter Persönlichkeiten. Kaum ein Künstler hat es zur Berühmtheit gebracht, ohne mindestens eine oder mehrere Weltstädte zu bewohnen. Für Handwerker galten die Wanderjahre als entscheidender Schritt zur echten Meisterschaft. Und Forscher brauchten, genau wie heute, andere Forscher als Sparringspartner und zur Inspiration. Und für alle galt: Wer nur zuhause auf seinem Hintern hockte, lernte nichts, wusste wenig und war dementsprechend lausig gefragt.

Das änderte sich mit der Industrialisierung. Seit es Fabriken gibt, sollen sich eigentlich nur noch die Waren bewegen. Steuerzahler und Arbeitskräfte sollen nicht einfach kommen und gehen, wie es ihnen passt. Stattdessen hat eine Firma sogar gern mehr Menschen vor Ort, als sie braucht, denn dann sinken Löhne und Gehälter. Kein Wunder, dass schnelle Job- bzw. Projektwechsel, flexible Arbeitszeiten oder gar der Weg in die Selbstständigkeit heutzutage immer noch nicht prominent beworben werden. Keine Firma oder Lobby hat daran ein ernsthaftes Interesse. Die Vorteile, die ein flexibles Arbeiten früher hatte, gelten auch heute noch. Ganz besonders für Kreative, für die es sogar ein erheblicher Nachteil ist, ständig im gleichen Saft zu kochen (oder: lauwarm zu liegen). Das wissen übrigens auch Städte und Länder, für die solide Selbstständige eine wichtige Säule im Haushalt sind. Und erfolgreiche Firmengründer, die neue Arbeitsplätze schaffen und für Wettbewerb und Fortschritt sorgen. Wie wichtig der Politik das ist, können Sie dann auf Ihrem Kontoauszug ablesen, wenn Sie sich selbstständig gemacht haben. Städte und Länder winken mit zahlreichen Formen der Unterstützung.

Falls Sie zwischen *soll ich mich verändern oder mach' ich weiter wie bisher* schwanken, denken Sie an Ihre kreativen Idole. Die bekannten Künstler aus der Geschichte, von denen keiner zum kreativen Superstar geboren wurde. Sie alle waren mal in der Situation wie Sie jetzt und fragten sich: *Soll ich oder soll ich nicht?* Die Entscheidung, die sie damals trafen, ist der Grund, warum Sie jetzt an sie denken.

VERÄNDERUNGEN Egal wie Sie sich entscheiden, die dramatischsten Veränderungen bringt leider meist das Schicksal. Von Krankheit, Jobverlust, Trennung, Unfall bis zum Krieg bietet das Leben eine Menge tragischer Überraschungen. Faszinierend ist, dass jeder Mensch anders damit umgeht. Welcher Typ Sie sind, erkennen Sie an einer einfachen Frage: Angenommen, etwas Schlimmes passiert – denken Sie, das ist jetzt das Ende oder ein Anfang? *Resilienz* nennt man diese psychische Widerstandsfähigkeit.

Starke Persönlichkeiten sehen in allem eine Chance. Wie bei einem Actionheld funkelt selbst durch die auswegloseste Situation irgendwo eine kleine Möglichkeit hervor – die sofort genutzt wird und beinahe selbstverständlich zum Happy End führt. Diese Fähigkeit können Sie natürlich auch selbstbestimmt in undramatischen Situationen einsetzen. Wie Ihrem Job.

Festanstellung, Teilzeit, Vier-Tage-Woche, Homeoffice, Gleitzeit, Freelance, Projektarbeit, eigene Firma, ... an Möglichkeiten mangelt es glücklicherweise nicht. Trotzdem erscheint der Schritt in ein anderes Arbeitssystem oft unerreichbar weit weg. Wir wechseln lieber fünfmal den Arbeitgeber, bevor wir ein anderes Arbeitssystem probieren.

So schlecht geht's mir doch auch wieder nicht, sagen wir uns und haben vermutlich sogar recht. Denn wir arbeiten immer auch auf unser emotionales Konto, was meist gut gefüllt ist. Bei einer Festanstellung zählt nicht nur das Gehalt, sondern auch die Reputation bei den Chefs, der gute Ruf bei den Kollegen und Kleinigkeiten wie die Expertise mit der Kaffeemaschine. Dieses Konto füllt sich von Jahr zu Jahr. Und alles Negative muss erst mal diesen Kontostand aufzehren – bis er ins Minus fällt. Anders formuliert muss erst ein bestimmter Grad an mentalem Schmerz erreicht sein, damit wir wirklich etwas ändern.

Dabei sind Sicherheitsbedenken und Angst durchaus intelligente Eigenschaften, denn neue Umgebungen sind unkalkulierbar und riskant. Besser alles bleibt so, wie es ist. Und rückblickend betrachtet war oft alles *halb so schlimm* – auch wenn das gar nicht stimmt. Ein gesundes Gehirn wird immer dafür sorgen, dass wir im Großen und Ganzen zufrieden mit uns sind. Starke Enttäuschungen und Fehleinschätzungen werden langfristig ausgeblendet oder sogar korrigiert. *Früher war alles besser* entbehrt nahezu jeder faktischen Grundlage und trifft auf fast keinen Bereich zu. Lebenserwartung, Gesundheit, Freiheit, Gesellschaft, ...

Ein besonders spannendes Phänomen des Gehirns ist der *Hindsight Bias* oder auch Ich-wusste-es-die-ganze-Zeit-Effekt. Das Gehirn erinnert sich hierbei systematisch falsch an frühere Ereignisse. Ein Versuch mit dem coolen Titel *Intraindividuelles Gedächtnisdesign* läuft so: Vor einer Wahl schätzen Sie eine Partei auf 30 Prozent. Die Partei kommt aber auf 50 Prozent. Einige Zeit später fragt man Sie, wie viel Prozent Sie vorher geschätzt haben, und Sie sind sich sicher: 40 Prozent! Die 10 Prozent Differenz bezeichnet man als *Hindsight Bias*. Diesen Effekt habe ich auch einmal bei einer Kollegin erlebt, die entlassen wurde. Einen Monat nach ihrer Entlassung war sie sich bereits sicher, dass die Kündigung auf gegenseitigen Wunsch geschah. Sie wusste (!) schon vorher, dass es passiert, und es war ein professionelles Gespräch auf Augenhöhe. – Obwohl sie in Wahrheit im Gespräch in Tränen ausgebrochen und Tage danach noch wütend und maßlos enttäuscht gewesen war. Das Gehirn hatte die extrem negative Erfahrung in eine erträglichere Version korrigiert.

Das ist praktisch und angenehm, kann Sie aber auch lähmen. Wenn Sie eine längere Zeit über vermuten, dass Ihre aktuelle Situation nicht gut ist, führen Sie Tagebuch. Schreiben Sie täglich oder wöchentlich auf, was Ihnen in der aktuellen Situation gefällt oder Sie stört. Machen Sie Pro-und-Kontra-Listen. Wenn Sie das nach einiger Zeit lesen, haben Sie eine realistischere Erinnerung und können damit bessere Entscheidungen treffen.

Wenn Immanuel Kant rät »*Habe den Mut, dich deines eigenen Verstandes – ohne die Leitung eines anderen – zu bedienen*«, ist das eine hervorragende Idee. Denn Sie sind die einzige Person auf der Welt, die Ihnen wirklich vollkommen unabhängige Empfehlungen geben kann. Jeder andere hat, zumindest unterbewusst, eigene Interessen. Der Soziologe Oskar Negt deutete Kants Satz übrigens als Naturrecht auf Neugierde. Es gehe um das stetige Lernen und Korrigieren. Und zwar nicht im Sinne eines effizienzoptimierten besseren Rädchens im Getriebe, sondern um eine im Wortsinne vernünftige Veränderung. Also eine Veränderung, die gut für Sie und Ihr Umfeld ist.

Ein wahrer Fachmann zum Thema Veränderungen ist Peter Sloterdijk. Sein zentraler Satz »*Du musst dein Leben ändern*«, klingt nach trendiger Selbstoptimierung, hat damit aber wenig zu tun. Ihm geht es um das individuelle Streben nach Veränderungen und neuen Möglichkeiten. Er schreibt, wir seien zum einen Gewohnheitstiere, unablässig Übende noch in den nichtigsten Verrichtungen. Und gleichzeitig waghalsige Durchbrecher unserer Alltagsriten: Einige wenige reißen regelmäßig aus der Herde aus, um noch unerreichte Gipfel zu erklimmen, bis es ihnen die anderen, zunächst widerwillig, nachtun. – Selten wurde der schnöde Arbeitsalltag schöner beschrieben. Wenn Sie ausbrechen und etwas verändern möchten, müssen Sie zuerst gegen Ihren inneren Schweinehund arbeiten. Am besten mit überzeugenden Argumenten, denn vom Bauchgefühl lassen sich Bedenken und Ängste kaum beeindrucken. Nur weil Sie *glauben*, eine Veränderung wäre gut, unterschreiben Sie noch lange keine Kündigungen oder Verträge. Zumindest die allermeisten nicht. Deshalb finden Sie Argumente in den folgenden Kapiteln. Dann können Sie sich mit dem Brustton der Überzeugung sagen: Sie wissen, welche Werte Ihnen wichtig sind; Sie kennen jedes System; Sie haben alles verglichen; Sie haben über alles nachgedacht; Sie wissen, wie es funktionieren kann; und Sie wissen auch, dass es funktionieren wird. Und mit dem Thema Werte geht es jetzt sofort los.

WERTE Wir alle haben bestimmte Werte, die uns im Leben und bei der Arbeit wichtig sind. In Umfragen sind die Spitzenreiter dieser Werte seit Jahrzehnten fast unverändert: Sicherheit, Soziales Umfeld, Selbstverwirklichung/Freiheit und Privatleben/Familie. Aber bedeutet der Wunsch nach Sicherheit automatisch immer Festanstellung? (Nein.) Haben Sie als Freelancer kein soziales Umfeld? (Doch.) Und wie passen Firmen- und Familiengründung zusammen? (Schlecht.) Aber der Reihe nach:

SICHERHEIT Welches System wählen Sie, wenn Ihnen *Sicherheit* am wichtigsten ist? Die meisten antworten mit reflexartiger Gewohnheit: *Festanstellung!*

Aber so einfach ist das schon lange nicht mehr. Um zu verstehen, warum in den meisten Köpfen *Sicherheit = Festanstellung* verankert ist, muss man in der Geschichte zurückblicken. Vor über 150 Jahren wurde man entweder ins Unternehmertum hineingeboren oder eben nicht. Wollte man sich trotzdem selbstständig machen, war es ein täglicher Kampf ums Überleben und gegen große Familien-Imperien. Die Generation danach musste zwei Weltkriege durchleiden und hatte andere Probleme, als über Selbstverwirklichung nachzudenken. Ein solider Job bedeutete ein geregeltes Einkommen und eine große Sorge weniger. Dann begann das Wirtschaftswunder (nicht nur in Deutschland, sondern in Gesamteuropa). Und in dieser enormen Wachstumsphase ist auch das Idealbild der Festanstellung entstanden. Arbeitgeber konnten ihren Angestellten problemlos Betriebsrenten, Überstunden, Urlaubsgeld und weitere Vergünstigungen bezahlen (die heute häufig eine gewaltige Belastung und einen Wettbewerbsnachteil gegenüber jungen Start-ups darstellen). Auch die Kreativbranche und allen voran die Werbeagenturen lebten in Saus und Braus.

Diese Zeiten sind (leider) vorbei. Jedes Wachstum hat seine Grenzen. Und die Kreativbranche spürt eine schwächelnde Wirtschaft traditionell sehr schnell, denn die meisten Firmen sparen zuerst am Marketing-Budget (auch wenn das genaue Gegenteil ratsam wäre). Auch der technische Fortschritt hat seine eigene Dynamik. Besonders die Digitalisierung hat es in sich: Leute, die sich nicht schnell genug in die gewünschte Richtung weiterentwickeln, werden aussortiert. Und Firmen natürlich auch. Bernd Stromberg sagte mit gewohnt fiesem Unterton: *Tja, wer nicht mit der Zeit geht, geht mit der Zeit.*

Ein weiterer – oft unterschätzter – Risikofaktor ist die Abhängigkeit von einzelnen (wenigen) Auftraggebern oder Personen. Das gilt übrigens nicht nur für die Festanstellung, sondern für jedes Arbeitssystem. Festangestellte sind am häufigsten betroffen, da sie innerhalb einer Firma meist für einen bestimmten Auftraggeber zuständig sind. Auch wenn die Firma viele Auftraggeber hat, hängt ihr Schicksal trotzdem oft an diesem einen. Wenn bei diesem Auftraggeber nur eine Person, nämlich der wichtigste Entscheider, unzufrieden wird, ist oft die erste Amtshandlung ein Pitch (dazu mehr im Kapitel *Pitches* ab Seite 216) – oder gleich ein Ende der Geschäftsbeziehung. Kündigt so ein großer Auftraggeber, passieren erfahrungsgemäß zwei Dinge:

1. Der Geschäftsführer sagt, dass sie alles versuchen werden, niemanden entlassen zu müssen.
2. Der Personalchef ruft diejenigen zu sich, die entlassen werden.

Das mag zynisch klingen, erklärt aber die Rhetorik in diesen schwierigen Momenten. Denn würde der Geschäftsführer sagen *Ja, wir müssen Leute entlassen,* würden sofort alle panisch auf Bewerbungstour gehen – und zuerst wären die guten Leute weg. Ein Arbeitgeber hat in diesem Moment schon genug Probleme. Wenn er jetzt noch seine besten Leute verliert, kommt er kaum noch aus dem Tal heraus. Also sorgt er für Ruhe. Und schaut dann, wer am entbehrlichsten ist. (Falls Sie die Position des Geschäftsführers anstreben: Irgendwann kommt der Moment, in dem Sie so etwas tun müssen. Das ist die dunkelste Schattenseite dieser Position, die nie in Stellenbeschreibungen auftaucht.)

Fabian Frese, Kreationsgeschäftsführer bei Kolle Rebbe, sagte mir: »*Zwischendurch wurde ich auch mal gefeuert. Das war in einem Network. Jedes Jahr kamen zehn Controller, die alles auf den Kopf gestellt haben. Und jeder wusste, wenn die wieder gehen, gehen auch dreißig andere durch dieselbe Tür. Dann hatte ich auch irgendwann die Kündigung auf dem Tisch. Das geht dann nach Gesetz. Also wer ist jung, unverheiratet, hat keine Kinder und ist am kürzesten da. Das war dann ich. Ich hatte damals am meisten gewonnen und musste gehen. Das fand ich damals ganz schön seltsam.*«

Natürlich haben Sie trotz alledem noch eine Kündigungsfrist. Und mit etwas Glück im Unglück können Sie auch eine Abfindung oder Freistellung aushandeln. Dennoch: so sicher, wie Sie glaubten, ist eine Festanstellung nicht. Und sie ist erst recht kein gemütlicher Ruhesessel, in dem Sie ungestört bis zur Rente sitzen können. <u>Wenn Sie sich nicht verändern, wird es jemand anderes für Sie tun.</u> Ob Sie wollen oder nicht. Im schlimmsten Fall haben Sie es sich in der gefühlten Sicherheit jahrelang so gemütlich gemacht, dass Sie Ihr Portfolio vernachlässigt haben. Nicht nur was beeindruckende Arbeiten angeht – sondern auch einfach die Dateien. Wurden die zwischendurch nicht gesichert, stehen Sie jetzt mit leeren Händen da. Und ohne gepflegtes Portfolio in der Hinterhand ist auch eine mehrmonatige Kündigungsfrist erschreckend schnell vorbei. Hier schon mal einer der wichtigsten Portfolio-Tipps: Sichern Sie Ihre Arbeiten. Immer. Mindestens als PDF.

Parallel dazu hat sich die Sicherheit auf der Freelancer-/ Selbstständigen-Seite etwas verbessert. Das liegt vor allem am Markt. Die Kreativbranche ist nämlich aufgrund des chronischen (und ständig wachsenden) Nachwuchsmangels auf Freelancer und kleine Spezialdienstleister angewiesen. Dazu kommt, dass Auftraggeber heute nur noch selten langjährige Verträge mit einer Agentur abschließen, sondern auf Projektgeschäft setzen, was mit Freelancern natürlich besser abgefedert werden kann als mit Festangestellten.

Die früher besonders harte Startphase für Selbstständige wird heute glücklicherweise durch zahlreiche staatliche Förderungen vereinfacht. Wenn Sie als Freelancer oder Selbstständiger sicher im Markt angekommen sind – das heißt, Sie arbeiten für viele verschiedene Auftraggeber, haben in der Branche einen Namen und verfügen über einen finanziellen Puffer (zum Beispiel ein paar Monatsgehälter) –, haben Sie weit mehr Sicherheit als jeder Festangestellte. Denn dass plötzlich sämtliche Auftraggeber gleichzeitig abspringen, ist unwahrscheinlicher, als dass ein großer Auftraggeber einer Agentur kündigt.

Wie sicher Sie im Markt ankommen, liegt allerdings an Ihnen selbst: an Ihrem Talent, an realisierten Projekten und nicht zuletzt an Ihrem Netzwerk. Ich würde gern etwas Fröhlicheres schreiben, aber das Fazit ist leider: Sicherheit gibt es nicht. Weder in der Festanstellung noch in einem anderen System.

Stattdessen müssen Sie Ihr eigenes Sicherheitsnetz stricken: Die Größe dieses Netzes bestimmt vor allem Ihr Netzwerk. Bauen Sie es auf und pflegen Sie es. Je mehr Leute Sie kennen, desto mehr Möglichkeiten bekommen Sie. Die Türen öffnen Sie mit Ihrem Portfolio. Ihrer Eintrittskarte für die besten Jobs. Seien Sie immer offen für Veränderungen und entwickeln Sie sich aktiv weiter. Je zeitgemäßer und breiter Sie aufgestellt sind, desto mehr und unterschiedlichere Auftraggeber werden Sie überzeugen. Damit kommen Sie dem alten Sicherheitswunsch schon sehr nah.

SOZIALES UMFELD *Nette Kollegen, freundschaftliches Arbeitsklima, gutes soziales Umfeld* – das sind seit Jahren die ungeschlagenen Spitzenreiter in Umfragen auf die Frage *Welcher Wert ist Ihnen bei der Arbeit am wichtigsten?* Wird die Frage offener formuliert, nämlich *Welche Ziele haben Sie?*, antworten über 90 Prozent mit *genügend Zeit für Familie, Partner und Kinder haben.* Die Antwort *Karriere machen* steht übrigens relativ abgeschlagen zwischen 37 Prozent (Frauen) und 48 Prozent (Männer).

Aber wie kommen Sie einem derart wichtigen Ziel näher? Wenn Ihnen jetzt die Festanstellung in den Sinn kommt, liegen Sie nicht ganz falsch. Denn dort haben Sie feste Kollegen, während Sie als Freelancer und Selbstständiger eben keine haben. Und Kollegen aus der Festanstellung werden oft die besten Freunde. Kein Wunder, denn Sie verbringen mit ihnen fast mehr Zeit als mit Ihrem Partner. Harte Phasen schweißen zusammen, Erfolge werden gefeiert. Häufig über Jahre hinweg. Diese Romantik kann aber, genau wie in jeder anderen Beziehung auch, ins Gegenteil kippen. Denn nervenden Kollegen können Sie in diesem System kaum entrinnen. Im schlimmsten Fall leiden Sie unter Psychoterror und Mobbing, dem sie fast nur durch eine Kündigung entkommen können. Eine schlechte Firmenkultur begünstigt soziopathisches Verhalten. Aber wenn das Umfeld gut ist, können Sie voller Freude Teamabende und Erfolge feiern – und auch schwere Phasen gut durchstehen.

Als Freelancer entgeht Ihnen beides teilweise. Sie haben meist keine festen Kollegen und müssen sich selbst aktiv um Ihr Netzwerk und Events kümmern. Bei einer nervigen Buchung oder einer Arbeit für unangenehme Menschen wissen Sie, dass Sie bald wieder weg sind. Aber Freelancern ist ein soziales Umfeld schließlich auch wichtig. Im Laufe der Zeit kristallisieren sich häufig *feste Teampartner* heraus. Etliche Kreative machen sich auch direkt als Team selbstständig und lassen sich nur zu zweit (bewährte Kombination: Texter & Designer) oder sogar zu dritt (Texter, Designer & Programmierer) buchen. Als kleine schlagkräftige Einheit, die autark ganze Projekte bestreitet – und zwar über Wochen und Monate hinweg. Ich kenne Freelancer, die seit mehreren Jahren *fest-frei* in einer Agentur arbeiten – mit gelegentlichen kurzen Pausen in anderen Firmen, um den Verdacht der Scheinselbstständigkeit* zu zerstreuen. Während dieser Zeit sind die Freelancer genauso ins Team integriert, wie alle anderen. Freelancer, die sich weniger lange buchen lassen, müssen aber auch nicht vereinsamen. Es gibt viele Freelancer-Gruppen, Coworking Spaces und Events in jeder größeren Stadt. Für extrovertierte, gut vernetzte Menschen ist dieses Modell ideal.

---

*Achtung: Fest-frei ist ein hochriskantes Modell für alle Beteiligten. Denn man könnte es auch Scheinselbstständigkeit nennen. Die ist ein Fall von Schwarzarbeit, da den Sozialversicherungen Arbeitnehmeranteile vorenthalten werden. Es gibt viele Kriterien, die auf eine Scheinselbstständigkeit hinweisen. Das wichtigste: Wenn circa fünf Sechstel Ihres Umsatzes von einem Auftraggeber stammen, machen Sie sich sehr verdächtig. Die Deutsche Rentenversicherung achtet vor allem auf dauerhafte Verpflichtungen gegenüber Ihrem Auftraggeber: Wenn Sie Ort, Zeit, Aufgabe oder Equipment Ihrer Arbeit nicht dauerhaft frei wählen können, sind Sie kein echter Selbstständiger. (Dieser Ansatz wird übrigens von Freelancern heftig kritisiert, da besagte Vorgaben fast immer Teil einer regulären Buchung sind und *dauerhaft* nicht näher definiert wurde. Hier wird sicherlich bald nachgebessert.) Bestätigt sich ein Vorsatz, müssen Sie nicht nur eine Strafe zahlen, sondern auch den entgangenen Arbeitgeber- und Arbeitnehmeranteil Ihrer Sozialversicherungen. Ihr Auftraggeber sogar rückwirkend bis zu 30 Jahre.

In der eigenen Firma suchen Sie sich Ihr Umfeld aus. Das hängt vor allem davon ab, ob Sie Ihre Firma alleine oder im Team gründen. Bei Letzterem ist das soziale Umfeld besonders intensiv. Alle sind mit viel Idealismus und Gründergeist dabei, was oft starke Emotionen mit sich bringt (und auch Streitereien). Aber umso intensiver sind auch die Erfolge – und Firmenfeste. An die erste kleine Feier mit einer Handvoll Angestellten erinnern Sie sich ein Leben lang. Schließlich haben Sie jeden Einzelnen ausgesucht. Ignorieren können Sie (auch nervige) Kollegen in diesem System fast nie. Zumindest, solange Sie unter 50–100 Mitarbeiter beschäftigen. Andreas Grabarz hat für seine Firma das Ziel ausgerufen: *Wir haben die geringste Arschlochquote pro Quadratmeter.* Schöner kann man ein Personalkonzept kaum zusammenfassen. Nur eine Sache wird dabei gern unterschätzt: Sie sind der Chef. Da ist das kollegiale Miteinander völlig anders als unter Kollegen. Je nachdem, welche Art Chef Sie sein wollen, fragt Sie niemand, ob Sie zum Mittagessen mitkommen möchten (mehr im Kapitel *Geschäftsführer* ab Seite 109). Falls Sie ein freundschaftliches, kumpelhaftes Miteinander suchen, ist das als Chef zwar möglich, aber tendenziell schwieriger.

Um noch mal an die 90 Prozent vom Anfang zu erinnern: Das stärkste und beste soziale Umfeld finden besonders Kreative ohnehin nicht bei der Arbeit, sondern bei *Familie, Partner oder Kindern.* Egal welche Rückschläge Sie bei Ihrer Arbeit einstecken müssen – ein Partner, der Ihre kreativen Ziele unterstützt, wird Sie immer wieder aufrichten und Ihnen helfen. Die gesündesten Karriere-Tipps kommen nicht aus Ratgebern, sondern von einer Person, die Sie liebt.

SELBSTVERWIRKLICHUNG *»Die Sonne kann nicht ohne Schein, der Mensch nicht ohne Liebe sein«*, schrieb Johann Wolfgang von Goethe. Das gilt nicht nur für Ihr soziales Umfeld, sondern auch für die Arbeit. Etwas Eigenes zu schaffen, was Ihnen wichtig ist. Einer der wichtigsten Werte für Kreative überhaupt, und ausgerechnet der wird ständig vergessen, verdrängt oder als naiv abgetan – aus Bequemlichkeit oder Geldgründen.

Es vergeht kein Tag im Frage-&-Antwort-Forum *Quora* ohne die Frage: *Soll ich den Job annehmen, den ich mag, oder den, der mehr Geld bringt?* Aber kaum einer fragt: *Soll ich überhaupt einen Job annehmen?* Die Falle lauert im Wort *annehmen*. Selbstverwirklichung bekommen Sie nie angeboten, sondern Sie müssen es wirklich selbst machen. Tony Gaskins hat das auf den Punkt gebracht: *»Wenn nicht Sie Ihren Traum verwirklichen, wird Sie jemand einstellen, damit Sie seinen verwirklichen.«* Was er verschweigt, ist, dass es für viele völlig okay ist, jemand anderem bei seinem Traum zu helfen – sofern Arbeitszeit und Bezahlung stimmen. Nicht jeder träumt von Selbstverwirklichung. Fragen Sie sich selbst, welchen Stellenwert dieser Wert für Sie hat, haben soll oder haben darf?

Es ist völlig in Ordnung, wenn Sie *nicht* für Ihre Arbeit brennen. Die meisten Bücher und Artikel zum Thema Arbeit gehen davon aus, dass Sie sich am Ende topmotiviert und voller Elan in den Job stürzen – aber in der Realität sieht es eher so aus, dass viele Menschen glücklich sind, wenn sie ganz emotionslos Zeit gegen Geld tauschen und sich auf ihren Feierabend und Urlaub freuen. Der Psychologe Hans-Georg Häusel hat die Emotionen, Werte und Motive, die uns ständig umtreiben, in einer Karte zusammengefasst: *Balance, Stimulanz* und *Dominanz* stehen sich dort in einem Dreieck gegenüber. Menschen mit ausgeprägtem Bedürfnis für

Balance sind Familie, Treue und Sicherheit wichtig. Bei anderen ist Stimulanz ausgeprägter. Sie mögen Spiel, Spaß und Kreativität. Der Wunsch nach Dominanz geht mit Machtstreben, Ruhm und Kampf einher. Es hilft zu wissen, dass unsere Mitmenschen höchstwahrscheinlich andere Werte haben als wir selbst. Wenn Ihnen als abenteuerlustigem Menschen ein toller Rucksackurlaub angeboten wird, können Sie kaum verstehen, warum Ihr sicherheitsliebender Partner lieber auf dem Sofa bleiben möchte. So ist es auch mit Firmengründung und Festanstellung. Ein freiheitsliebender Freelancer wird nie verstehen, warum sein talentierter Kollege immer noch festangestellt bleibt. Die einfache Antwort kann lauten: weil er dabei genauso glücklich ist.

Wir sind, was unsere Emotionen aus uns machen. Und wir sollten ehrlich mit uns selbst sein, was unsere Schwächen anbelangt. Max Frisch stellt dazu eine der besten Fragen überhaupt: *Überzeugt Sie Ihre Selbstkritik?*

Wenn Sie sich als Künstler sehen oder positionieren wollen, müssen Sie Ihrer Selbstverwirklichung die höchste Priorität einräumen. Eine etwas abgeschwächte Form der Selbstverwirklichung kann Ihnen auch eine hochkreative Firma bieten, sofern sie Ihnen Ihre kreative Freiheit lässt. Nicolas Kittner sagt, dass es sehr viele Kreative gibt, die zwar etwas aufbauen wollen, denen aber eine Firmengründung zu gewaltig ist. Firmen, die solche Menschen binden können, sind ungeheuer wertvoll, denn sie gewinnen Charaktere für sich, die sonst nie einen Arbeitsvertrag unterschreiben würden. Die Schauspielerin und Produzentin Tina Fey formuliert es so: »*In most cases being a good boss means hiring talented people and then getting out of their way.*«

In solchen Firmen arbeiten Sie direkt mit anderen Top-Kreativen zusammen, in einer funktionierenden Infrastruktur und starten mit großen Projekten oder Auftraggebern.

Das gibt es in jeder Größenordnung, vom kleinen Studio über mittelgroße Agenturen bis hin zu Konzernen. Die Krux dabei: Ihre eigenen Ziele müssen sich mit den Zielen der Firma decken – auch wenn sich die Ziele ändern … Und das werden sie. Ihre eigenen – wie die der Firma. Diese Diskrepanz wird früher oder später zum Problem. Denn für Angestellte ist es quasi unmöglich, ihre Ziele und kreativen Vorstellungen gegen die der Geschäftsführung durchzusetzen (außer: Sie gehören zur Geschäftsführung). Das habe ich mal meinem Vater geklagt. Seine Antwort: *»Warum regst du dich darüber auf, dass die Geschäftsführer ihre Arbeit so machen, wie sie es für richtig halten? – Deswegen haben die den Laden schließlich aufgemacht! Das ist nicht deine Firma. Du bist da, weil du etwas machen sollst, was die nicht können, wofür die keine Zeit haben oder worauf die keine Lust haben. Dafür geben die dir jeden Monat Geld. Habe ich 45 Jahre lang gemacht. War für mich ein gutes Modell. Wenn du dich selbst verwirklichen willst, musst du das selber machen.«* Hab' ich dann auch gemacht.

Fazit: Wer sich selbst verwirklichen will, muss sich selbstständig machen. Die Wahrscheinlichkeit, in einer Festanstellung seine Zeit zu verschwenden, ist zu hoch. Einzige Ausnahme: Sie finden eine Firma, die dasselbe Ziel hat wie Sie. (Aber die Erfahrung zeigt, dass die meisten, die den diffusen Wunsch nach etwas Eigenem in sich hatten, sich auch irgendwann selbstständig gemacht haben.)

WORK-LIFE-BALANCE &

ARBEITSZEIT Seit einigen Jahren gilt es als das höchste Ziel, Leben und Arbeit *in Balance* zu bringen. Gemeint ist die Reduktion der Arbeit zugunsten der Freizeit. Wer das nicht schafft, bekommt erst Stress und dann Burnout. So die stark vereinfachte These. Dabei ist der Wunsch nach *Work-Life-Balance* vor allem ein Indiz dafür, dass Sie sich im falschen Job befinden. Robin Thiesmeyer alias Meta Bene hat das auf den Punkt gebracht, als er schrieb: »*Vielleicht ist es doch kein Burnout. Vielleicht ist der Job scheiße.*« Eberhard Ulich, einer der bedeutendsten Arbeitspsychologen, hält schon die Bezeichnung für falsch: »*Sie legt nämlich den fatalen Schluss nahe, dass es sich um ein (…) Balancieren zwischen Arbeit und Leben handelt. Erstens aber ist Arbeit ein zentraler Bestandteil des Lebens (…) und zweitens finden sich vielfältige Formen von Arbeit auch außerhalb der Erwerbsarbeit.*«

Häufig wurde der Begriff der *Work-Life-Balance* auch verwendet, um den Wunsch nach sozialeren und faireren Arbeitszeiten in Worte zu fassen. Diese wurden lange Jahre sehr locker interpretiert. Kreativagenturen nennen unbezahlte Überstunden auch gern *Rock'n'Roll*. Das hat der Rock'n'Roll nun wirklich nicht verdient.

Zur Erinnerung: Festanstellung bedeutet Zeit (und Handwerk) gegen Geld. Auch bei Kreativen. Damit solche Deals fair bleiben, gibt es Arbeitsverträge. Da bekommen Sie zum Beispiel für Mo – Fr von 9–18 Uhr als Designer das Gehalt 2.700 Euro brutto pro Monat. Damit weiß jeder, woran er ist.

Leider haben sich in die allermeisten Arbeitsverträge in der Kreativbranche diese vier Worte geschlichen: *und länger, wenn nötig.* Das bedeutet, der faire Deal ist aufgeweicht und unbezahlte Überstunden und Wochenenden gehören dazu. Wie sehr dieser Passus ausgenutzt wird, ist in jeder Firma und bei jedem Vorgesetzten anders. Bei gut organisierten, entscheidungsstarken Chefs (oft mit intaktem Familienleben) werden die Arbeitszeiten meist eingehalten. Bei chaotischen, unsicheren Chefs (oft mit nicht so intaktem Familienleben) entgleitet die Arbeitszeit häufig völlig. Die leben für die Arbeit. Kollegen werden zum Familienersatz. Ich habe oft erlebt, dass bei fast identischer Arbeitsmenge unter Chef A immer pünktlich Feierabend war, während unter Chef B praktisch 24/7 durchgearbeitet werden musste. Natürlich ist das kein exklusives Problem der Kreativbranche, aber andere Branchen haben häufig Gewerkschaften und Betriebsräte, die darauf achten, dass sich auch Chaoten an Regeln halten. In der Industrie redet auch die Berufsgenossenschaft mit. Da sind Pausenvorschriften und maximale Arbeitszeiten sogar sicherheitsrelevant. In der Kreativbranche und besonders in Werbe- und Designagenturen sind Betriebsräte die absolute Ausnahme und Chaos wird glorifiziert.

Der Vorteil für Festangestellte ist der ständige Nachwuchsmangel in der Branche. Es gibt inzwischen deutlich mehr Jobs als talentierte Kreative. Wenn Sie in Ihrem Job gut sind, können Sie vermutlich jederzeit zu einem anderen Arbeitgeber wechseln. Die Kündigung ist ein mächtiges Werkzeug gegen zum Beispiel unfaire Arbeitszeiten. Bevor Sie eine Kündigung auf den Tisch knallen, reden Sie mit Ihrem Chef (oder seinem Chef). Gute Firmen versuchen, gute Leute zu halten. Immer seltener mit Geld, häufiger mit Zeit. Vier-Tage-Woche, Teilzeit, Homeoffice oder andere Modelle kommen langsam auch in unserer Branche in Mode.

Einfacher haben es Freelancer. Die sind nur einen begrenzten Zeitraum von chaotischen Chefs abhängig. Für Wochenendarbeit oder extreme Überstunden wird meist der normale Tagessatz berechnet (was bei Freelancern erstaunlicherweise selbstverständlich ist). Gut gebuchte Freelancer können ihre Zeit sehr flexibel gestalten. Der langjährige Freelancer Oliver Kohtz sagte dazu: »*Als Freelancer hat man entweder mehr Zeit oder mehr Geld. Und die Zeit kann man für sich oder für eigene Projekte nutzen.*«

Bei der eigenen Firma haben Sie es komplett selbst in der Hand, wie Sie mit Arbeitszeiten umgehen. Je nach (angestrebter) Firmengröße ist es Ihre Entscheidung, ob Sie 24/7 durcharbeiten oder gleich mit geregelten Arbeitszeiten starten. Ich kenne allerdings nur wenige Gründer, die in den ersten Jahren geregelte Arbeitszeiten hatten, da sie sich mit ihrer Firma emotional stark verbunden fühlten und dafür alles gaben. Manche auch zu viel (was weder für die Person noch für die Firma gut ausging).

Aber selbst für Familiengründer, die sich entschließen, vollzeit für ihre Kinder da zu sein, ist es nicht automatisch ein Paradies. Abgesehen vom gewaltigen Zeitaufwand (vor allem bei mehreren Kindern), genießt die Familie nämlich im Vergleich zu den anderen drei Systemen nicht dasselbe gesellschaftliche Ansehen. Kein schlechtes Ansehen natürlich – aber ein erfolgreicher Manager oder Firmengründer (egal ob männlich oder weiblich) bekommt oft mehr Respekt als jemand, der zuhause mehrere Kinder erzieht. Bei näherer Betrachtung denken zwar die meisten *Ja, stimmt, das ist auch hart*, aber insgeheim schätzen sie das berufstätige Elternteil mehr. Auch ein Meeting zu verlassen mit der Begründung *Ich muss mein Kind jetzt von der Kita abholen* ist in Schweden völlig akzeptiert, während sie bei uns als mangelnde Einsatzbereitschaft verstanden wird.

Das können wir von Skandinavien lernen: Familie, und alles, was dazugehört, muss ebenbürtig neben oder sogar in andere Arbeitssysteme integriert werden! Sonst werden wir auch in Jahrzehnten immer noch über (nicht funktionierende) Work-Life-Balance und Burnout sprechen!

Auch Eberhard Ulich nennt gute Gründe Arbeit und Privatleben nicht zu trennen. »*Man beendet damit den ewigen Kampf zwischen Arbeit und Privatleben, denn keine Seite wird jemals gewinnen.*« Ich trenne auch nicht. Übrigens vor allem nicht mehr, seit ich selbstständig bin und keine festen Arbeitszeiten mehr habe. Mich hat die hohe Flexibilität der freien Arbeit sehr entspannt. (Ich verstehe aber auch jeden, den genau das in Unruhe versetzt.) Arbeit und Privatleben sind auf eine gesunde Weise vermischt. Wenn ich mit meinem Sohn in den Zoo gehe, fallen mir manchmal Ideen für die Arbeit ein, und ich kann daran wenig Verwerfliches finden. Genauso denke ich schließlich auch an meinen Sohn, wenn ich gerade an einem Projekt arbeite.

Glücklich, wer zwei schöne Dinge in seinem Leben hat, die er abwechselnd vermissen und genießen kann. Arbeit und Familie sind selbst eine Beziehung. Beide Seiten müssen die andere respektieren und ihr Zeit und Aufmerksamkeit einräumen. Mit einer Trennung scheitert auch diese Beziehung.

STRESS Je höher Ihre Ziele und Ambitionen sind, desto eher werden Sie Stress haben. Oder, um genau zu sein, Sie werden sich Stress machen. Frank Berzbach schreibt, dass wir uns oft auch nur gestresst fühlen, weil wir glauben, so viel zu erledigen zu haben. Aber wenn wir genauer hinschauen, stellen wir fest, dass wir unter einem zu aktiven Geist leiden, dem ständig etwas Neues einfällt. Oder wie meine Eltern immer gern sagen, wenn ich mal wieder hektisch irgendwo hin *muss*: *Tja, wer keinen Stress hat, der macht sich welchen.*

Deswegen können auch Menschen ohne ambitionierte Ziele ernsthaft gestresst und völlig fertig sein. Bei einem Versuch mit einem Top-Banker, einem mittelständischen Firmeninhaber und einem Langzeitarbeitslosen wurden eine Woche lang alle Körpermesswerte aufgezeichnet. Der Top-Banker, der ständig von einer Metropole in die nächste flog und noch im Auto Millionendeals abschloss, war der Entspannteste von allen. Denn er genoss seinen Stress – er nutzte die Energie für seine Arbeit und war glücklich damit. Dazu kam, dass ihm seine Finanzprodukte persönlich wenig bedeuteten. Anders dem Mittelständler, der emotional mit seiner Firma verbunden war. Vergleichsweise dramatisch waren die Messwerte beim Langzeitarbeitslosen, der schon morgens machtlos in der Schlange beim Arbeitsamt stand und praktisch keinen Einfluss auf eine Vermittlung hatte.

In diesem einen Beispiel macht der Banker mal alles richtig. Denn mittlerweile wird immer klarer, dass es ist allein *unsere Einstellung zum Stress* ist, die Problem und Lösung zu sein scheint.

Das Einzige, was wir jahrelang über Stress hörten, war, dass er so ziemlich das Schlimmste ist, das wir unserem Körper antun können. Und mit der falschen Einstellung stimmt das sogar. Eine gigantische Langzeitstudie mit fast 30.000 Erwachsenen kam zu einem eindeutigen Ergebnis: Wer zu

Anfang der Studie angab, dass er extrem viel Stress hätte und (das ist der entscheidende Punkt) auch noch davon überzeugt war, dass sich dieser Stress negativ auf die Gesundheit auswirkt, hatte acht Jahre später ein um 43 Prozent erhöhtes Sterblichkeitsrisiko. Klarer formuliert: derjenige starb während der Studie. Spannend ist der Vergleich zu der anderen Gruppe, die auch angab, extrem viel Stress zu haben, aber sagte: Ich glaube *nicht*, dass sich das negativ auf meine Gesundheit auswirkt. Bei denen war das Sterblichkeitsrisiko sogar 17 Prozent niedriger. Die Einstellung machte den Unterschied.

In einem anderen Experiment wurde bei Studenten, nach einer extrem harten Prüfung, die emotionale Erschöpfung gemessen. Also das, was im Endstadium als Burnout bezeichnet wird. Diese Erschöpfung war bei denen am geringsten, die vorher gut vorbereitet wurden. Der armen Kontrollgruppe wurde vorher einfach nur gesagt: *Gebt einfach euer Bestes.* Einer mittleren Gruppe hat man gesagt: *Wenn ihr Stress empfindet – versucht euch noch mehr auf die Aufgabe zu konzentrieren, damit ihr euer Bestes geben könnt.* Aber der Gruppe, die mit Abstand den geringsten *Mini-Burnout* hatte, wurde gesagt: *Falls du Stress oder Angst empfinden solltest – versuche die Energie, die durch diese Angst freigesetzt wird, zu benutzen, um dein Bestes zu geben.*

Auch eine Studie mit Managern kam zu diesem Ergebnis. Den erfolgreichsten Teilnehmern hatte man vorher erklärt, dass Stress sogar evolutionär gewollt ist, da so der ganze Organismus in höchste Leistungsbereitschaft versetzt wird. Und das belegte man mit diversen anderen Studien.

Denn die Wissenschaftler stellten auch fest, dass es wichtig ist, wer den Probanden sagt, dass Stress hilfreich sein kann. Eine reine Behauptung oder ein Motivationsbildchen im Internet führen nicht zur gewünschten *kognitiven*

Umstrukturierung, wie dieses Umdenken in der Wissenschaft heißt. Bei einer seriösen, vertrauenswürdigen Quelle funktioniert es aber sehr wohl. Glücklicherweise waren die letzten Seiten ja voller wissenschaftlicher Studien.

FEST

FIRMA

FREI

KAPITEL 2

FEST, FREI & FIRMA

Nach diesem Kapitel
kennen Sie die Unterschiede.

Hier werden Festanstellung, Freelance, Firmen- und Familiengründung verglichen. So neutral wie möglich – was gar nicht einfach ist, da jeder andere Wünsche und Werte hat. Die klaren Anweisungen in der Fest-anstellung empfinden Menschen mit hohem Sicherheitsbedürfnis als großen Vorteil – während Freiheitsliebende darunter leiden.

Darum gibt es keine Pro-und-Kontra-Listen, sondern Denkanstöße. Kritische Fragen, bei denen Sie merken, ob ein System zu Ihnen passt. Eine Shoppingtour für Ihr Arbeitssystem!

FESTANSTELLUNG 88 Prozent der Erwerbstätigen in Deutschland sind festangestellt. In der Kreativbranche sind es immerhin noch 55 Prozent. Die Festanstellung scheint also für den Großteil der Bevölkerung ein gutes Modell darzustellen. Und sie ist sehr genau definiert. Festanstellung bedeutet laut Lexikon: geregeltes Entgelt, zeitlich unbefristet und nicht selbstständig. Das sogenannte *Normalarbeitsverhältnis* definiert es noch genauer: es ist sozialversicherungspflichtig, Arbeitsplatz und Wohnung sind räumlich voneinander getrennt, keine Leiharbeit, Vollzeit oder zumindest mehr als halbtags und der Arbeitnehmer arbeitet kontinuierlich für einen Arbeitgeber in den betrieblichen Strukturen des Unternehmens.

Kein anderes Arbeitssystem wird vom Staat auch nur ansatzweise so exakt definiert. Und das macht Sie zum (Trommelwirbel) Held des Systems! – Der Sozialstaat ist quasi perfekt auf Sie zugeschnitten und gönnt Ihnen ein Minimum an Bürokratie. Die wird meist von anderen (zum Beispiel der Buchhaltung) für Sie erledigt. Im Alltag spüren Sie bis auf Gehaltszettel und Geld auf dem Konto nicht viel von organisatorischen Dingen wie Steuern oder Versicherungen. Und die Steuererklärung muss schließlich jeder andere auch machen.

Sie müssen sich vermutlich auch keine Gedanken über die Akquise neuer Aufträge machen – darum kümmern sich in einer Firma Fachleute oder Inhaber. Aus Ihrer Sicht holt irgendjemand neue Jobs heran und Sie erfüllen dafür eine klar definierte Aufgabe. Dafür bekommen Sie Geld im Tausch gegen Handwerk und Zeit. Ein fairer Deal – sofern die Arbeitszeiten eingehalten werden, was in der Kreativbranche leider immer noch die Ausnahme ist.

Sie haben als Angestellter zwar keinen Einfluss auf die Arbeitsweise und den Stil *Ihrer* Firma – aber Sie können

vorher (!) aus einer *gigantischen Angebotspalette* auswählen.
Denn jede Firma ist anders. Nicht nur wegen der unterschiedlichen Führungspersönlichkeiten, sondern auch
durch Angebot, Größe, Ziele, Werte und nicht zuletzt den
Standort. Eine sechsköpfige Agentur in einer Provinz-Klein-
stadt arbeitet anders als internationale Agentur-Networks in
Metropolen. Und weltweit bekannte Kreativ-Hotshops wie
Wieden+Kennedy oder 72andSunny werden auch gerne
Weekend+Kennedy oder 72andSunday genannt, weil dort
ständig gearbeitet wird. Aber: die Kreativen, die dort arbeiten, lieben es. Sie machen großartige Arbeit und verbringen
damit gern weit mehr Zeit als vertraglich vereinbart. Wer das
nicht nachvollziehen kann, sucht eine Firma, die mehr Wert
auf geregelte Arbeitszeiten legt als auf die kreative Qualität.
Beides ist erfahrungsgemäß schwierig – wie das *Kunst, Kommerz und Kinderkriegen*-Dreieck für Firmen.

Ein Vorteil, den fast alle guten Firmen ihren Angestellten bieten, ist der, dass sie praktisch sofort an großen Projekten renommierter Auftraggeber mitarbeiten. Das macht die
Festanstellung für Berufseinsteiger zum idealen Modell.
Denn Anfänger, die sich sofort selbstständig machen, müssen sich oft viele Jahre beweisen, bis sie solche Unternehmen
von sich überzeugen. Als Teil eines großen Teams und mit
einem guten Mentor realisieren Sie oft mehrere Projekte pro
Jahr – die Sie von der ersten Idee bis zur Veröffentlichung
begleiten. Und das mit der Sicherheit, jeden Monat dasselbe
Gehalt zu bekommen – selbst nach gescheiterten Projekten.

FESTANSTELLUNGSFRAGEN Diese kritischen Fragen sollten Sie sich stellen, bevor Sie sich für die Festanstellung entscheiden:

SIND SIE BEREIT, JEMANDEM ZU FOLGEN?

(Auch, wenn Sie anderer Meinung sind.) Damit sollten Sie kein Problem haben. Denn Sie werden einen Vorgesetzten haben – und zwar auf jeder Hierarchiestufe. Das kann großartig sein, wenn Sie Ihren Chef respektieren und seine Ziele teilen. Unschön wird es, wenn sich das ändert (oder nie so war). Das passiert leider sehr häufig. (Kleine Erinnerung an die ersten Seiten dieses Buchs: 85 Prozent machen unmotiviert Dienst nach Vorschrift, 15 Prozent haben innerlich gekündigt – und fast immer ist der Vorgesetzte daran schuld.)

Als Angestellter folgen Sie einem Kapitän, der bestimmt, wohin das Firmen-Schiff segelt. Wenn Ihnen das Ziel partout nicht gefällt, müssen Sie von Bord. Sonst reiben Sie sich (und alle Beteiligten) nur auf. Und weil dieser Punkt so wichtig ist, noch mal:

IST IHNEN KLAR, DASS ES NICHT IHRE FIRMA IST?

Hin und wieder liest man in der Fachpresse den wütenden Kommentar eines Festangestellten, der sich darüber aufregt, dass in *seiner* Firma alles nicht so läuft, wie es seiner Meinung nach sein sollte. Ich finde das bemitleidenswert, denn das ist ein Kampf auf absolut verlorenem Posten. Als Junior bin ich oft selbst in diese Falle getappt: Ich glaubte, als Angestellter hätte ich wirklich Einfluss auf die Ausrichtung und den Stil der Firma. Aber das haben Sie nicht (siehe auch Kapitel *Selbstverwirklichung* ab Seite 46). Sie können Inhabern höchstens etwas vorschlagen – und wenn das für gut befunden wird, wird es umgesetzt. Wenn nicht – nicht! Selbst wenn Sie sich an die Fachpresse wenden (besonders dann).

Etwas hilfreicher, um seinen Willen in einer Firma durchzusetzen, ist:

HABEN SIE KEIN PROBLEM MIT FIRMENINTERNER POLITIK?

Je größer das Unternehmen, für das Sie arbeiten, desto wichtiger wird diese Fähigkeit. In großen Agentur-Networks
spielt häufig das kreative Handwerk eine weit geringere
Rolle als das Talent, bestimmte Personen hinter sich zu wissen. Nicht selten finden Sie sich in einem komplexen
Gespinst aus unterschiedlichen Motivationen, verborgenen
Agenden und persönlichen Intrigen wieder. Falls Sie das sel-
tene Talent besitzen, diese Spielchen zu durchschauen und
sie sogar zu nutzen, werden Sie in großen Networks vermutlich Karriere machen. Alle anderen sollten besser das Weite
(bzw. eine kleine Firma) suchen, bevor sie von einer politischen Entscheidung überrascht werden. In diesem Zusammenhang sollte Sie sich auch fragen:

WAS IST IHNEN WICHTIGER: FREIHEIT ODER KONTROLLE?

Für die Festanstellung sollte es unbedingt Kontrolle sein.
Denn *fest* ist in vielerlei Hinsicht das Gegenteil von *frei* und
flexibel. Das gilt für die Arbeitszeit, Ihre Selbstbestimmung
und auch die Qualität der Kreation. Wenn Ihr Anspruch
höher oder niedriger ist als der Ihres Chefs, kann das zum
Problem werden. Auch Ihre Aufgaben werden vorgegeben.
Das hat den Vorteil, dass Sie sich auf diese Aufgaben konzentrieren können und der (lästige) administrative Teil von der
Firma übernommen wird. Als freier Kreativer können Sie
mehr experimentieren. Ich habe gerade mit Freunden für
Agenturen das Freelancer-Tool *HeyCreatives.com* entwickelt
und verdiene Geld als Texter – in einer Festanstellung wäre
das unmöglich. Viele Artdirektoren sind daneben Fotografen, Illustratoren oder Graffiti-Künstler. In einer Festanstel-

lung wären das unbezahlte Hobbys, in der Selbstständigkeit könnten Sie daraus Auftragsarbeiten machen und Rechnungen schreiben. Manchmal wird daraus die wichtigste Einkommensquelle. Aber viele wollen gar nicht ständig irgendwas Neues machen. Wenn Sie in einem professionellen Umfeld Ihrem kreativen Handwerk nachgehen und sich dazu noch auf ein geregeltes Einkommen verlassen wollen, ist die Festanstellung Ihr System.

WOLLEN SIE BERUFSERFAHRUNG SAMMELN?

Klare Führung und Aufgaben machen die Festanstellung zum idealen System für Berufseinsteiger. Sie haben dort ständig jemanden, der Ihre Arbeit kontrolliert und auch korrigiert. Während in jedem anderen System die Fähigkeit zur Selbstreflexion gefragt ist, können Sie sich hier auf einen guten Mentor verlassen. Projektmanager schützen Sie zudem davor, sich in Projekten oder Bürokratie zu verzetteln.

Kleines Manko: Der letzte Absatz gilt nur für eine gute Firma (wie Sie die finden, wird in Kapitel *Erwartungen, Ehrgeiz & Einstieg* ab Seite 98 erklärt). Die schlechten Angewohnheiten, die Sie von einem lausigen Mentor lernen, werden Sie oft ewig nicht mehr los. Und schlechte Organisation endet in Überstunden und Wochenendarbeit. Die Qualität der Festanstellung hängt zu großen Teilen an der Qualität der Firma.

WOLLEN SIE KARRIERE MACHEN?

Karriere, im Sinne vom *Weg nach oben*, machen Sie nämlich nur in der Festanstellung. In allen anderen Systemen sind Sie einfach Ihr eigener Chef.

Das Hierarchiesystem und die Karrierestufen werden im nächsten Kapitel sehr detailliert beleuchtet. Danach sollten Sie sich ehrlich fragen, wie wichtig Ihnen Titel, Beförderungen und (ab Management-Level) völlig andere Aufgaben sind. Denn, auch wenn es in unserer Gesellschaft oft anders wirkt: Es gibt keinen Karrierezwang.

REICHT IHNEN DIE VEREINBARTE FREIZEIT?

Wer Vollzeit arbeitet, hat nicht viel Zeit für seine Kinder und anderes. Um genau zu sein: die Abende, Wochenenden und maximal 30 Urlaubstage. In Firmen, die es mit der Arbeitszeit nicht so genau nehmen, fallen Abende und Wochenenden gerne mal weg. Sie müssen aber nicht gleich Freelancer werden, wenn Sie mehr oder flexibler Zeit für sich möchten. Sie können auch eine 3-/4-Tage-Woche, Teilzeit oder Homeoffice aushandeln. Das ist heute erfreulicherweise einfacher als noch vor einigen Jahren. Allerdings verdienen Sie dann natürlich auch entsprechend weniger (und haben gleichzeitig mehr Zeit zum Geldausgeben). Dann ist die Frage eher: Reicht Ihnen das vereinbarte Gehalt?

Man hat als Freelancer viel mehr Freizeit, die man sinnvoll nutzen kann. Wenn du nicht gebucht bist, hast du Zeit. Wenn du gebucht bist, hast du Geld. Beides super.

OLIVER KOHTZ

FREELANCE Freelancer bieten ihre Arbeit gegen Honorar mehreren Auftraggebern, wie Agenturen oder eigenen Kunden, an. Und zwar immer nur einem nach dem anderen, daher kennt auch jeder Freelancer das Problem, mal mehrere Anfragen für einen Tag zu bekommen – um danach wieder Tage oder gar Wochen gar nichts zu hören. Auf das gesamte Jahr gesehen läuft dieses System trotzdem für die meisten sehr gut. Zumindest in wirtschaftlich starken Jahren, denn Freelancer sind eine hochflexible Gruppe, die in Hochzeiten schnell hinzugeholt – aber auch genauso schnell wieder weggeschickt werden kann. Etwas Rückenwind gibt ihnen der ständige Nachwuchsmangel in der Kreativbranche. Viele Firmen haben einfach gar keine andere Möglichkeit (mehr), als mit Freelancern zu arbeiten.

45 Prozent der Designer in Deutschland arbeiten mittlerweile freiberuflich. Bei anderen Kreativen sieht es ähnlich aus. Und die Tendenz ist seit Jahren steigend. Aus gutem Grund:

Ich kenne niemanden, der das Freelancen je bereut hat.
Wirklich niemanden.
Viele haben Angst vor dem Unbekannten.
90 Prozent zögern und machen es nie.
Der Rest macht es einfach und macht neue Erfahrungen,
die ihn weiterbringen.
Und zurück geht es immer.
Selbst wenn die Erkenntnis ist, dass die Festanstellung
doch kein schlechtes Modell ist.

JÜRGEN ALKER

Tatsächlich sind Kreative, die wieder zurückkehren oder aufgeben, die Ausnahme. Nach drei Jahren sind noch 80 Prozent aller selbstständigen Kreativen im Markt (also nicht pleite). Das sind stolze 30 Prozent mehr als Selbstständige allgemein im Bundesdurchschnitt. Und da behaupten manche, Kreative könnten nicht mit Geld umgehen.

Die wenigen negativen Stimmen über das Freelancen kommen meist von denen, die sie bezahlen müssen. Geschäftsführer und Inhaber von Agenturen befinden sich in einer ständigen Hassliebe zu Freelancern, weil Freie auf der einen Seite schnell und flexibel Arbeit wegschaffen – dafür aber auch sehr teuer sind. Vor allem im Vergleich zu Festangestellten. Freelancer arbeiten zwar meist in den Firmen, stehen aber gefühlt etwas außerhalb. Sie sind ein schnell zuschaltbarer Turbo, der *nicht* wirklich zum Team gehört, sondern nach dem Sprint wieder weg ist. Das hat den großen Vorteil, dass sie sich auf einen einzigen Job konzentrieren können und nicht auf zig andere parallel, was in der Festanstellung häufig der Fall ist.

Einer der wichtigsten Pluspunkte als Freelancer: Sie machen wieder Ihr gelerntes und geliebtes Kreativ-Handwerk, ohne von Politik und Managementaufgaben aufgefressen zu werden. Freelancen ist für erfahrene und erfolgreiche Kreative ein Ausweg aus dem Hierarchiesystem (siehe Kapitel *Das kranke Hierarchiesystem* ab Seite 111). Das gilt im Speziellen für Eltern. Niemand fragt Freelancer, ob sie Kinder haben oder wie sie die Betreuung regeln. Sie werden gebucht, um ein konkretes Problem zu lösen. Auch halbtags– wenn sie gut sind. In diesem Arbeitssystem zählt nur das Ergebnis.

Sie werden als gut gebuchter Freelancer deutlich mehr verdienen als in Festanstellung. So viel Geld zahlt niemand freiwillig. Es hat mehrere Gründe, warum Firmen es dennoch tun: Sie lösen kurzfristig Probleme und federn unerwartete Engpässe ab. Auch sehr spezielle Fähigkeiten, die selten benötigt werden (exotische Programmiersprachen, Fachkenntnisse, besondere Instrumente etc.), können auf diese Weise eingekauft werden. Und, nicht zuletzt, haben viele Agenturen gar keine andere Wahl mehr, weil immer weniger Junge nachrücken und immer mehr Ältere aussteigen. Das führt dazu, dass talentierte Freelancer über sehr lange Zeit gebucht werden – und die Firma muss dabei weder Kündigungsfristen einhalten noch Abfindungen einkalkulieren (Achtung: Scheinselbstständigkeit! Siehe Kapitel *Soziales Umfeld* ab Seite 43). Das höhere Risiko für den Freelancer wird praktisch durch die höhere Bezahlung ausgeglichen. In Ländern ohne Kündigungsschutz (wie zum Beispiel USA oder England) verdienen Kreative auch in Festanstellung deutlich mehr. Ein sehr guter Texter kann dort über 15.000 Euro butto im Monat verdienen. In Deutschland gelten 4.000–5.000 Euro im Monat als gefühltes Limit für einen Senior.

Freelance ist das mit Abstand flexibelste und freieste System von allen. Sie können verhältnismäßig einfach, ohne große Anfangsinvestitionen starten und dann, wortwörtlich, konkurrenzlos einfach Entscheidungen treffen. Denn Sie sind schließlich alleine. Sie entscheiden, ob Sie langfristige Buchungen anstreben, parallel Nebenprojekte verfolgen, sich spezialisieren oder was auch immer Ihnen einfällt. Sie können Ihre Meinung sogar einfach ändern, ohne das jemandem erklären zu müssen. Es ist wie eine Art *Firmengründung light*.

FREELANCEFRAGEN

KÖNNEN SIE DAMIT LEBEN, DASS SIE KEINEN FESTEN KOLLEGENKREIS HABEN?

Die Antwort hängt vermutlich stark von Ihren alten Kollegen-Erfahrungen ab: Manche wurden beste Freunde, andere wollten Sie am liebsten erwürgen. Als Freelancer fehlen Ihnen beide (siehe Kapitel *Soziales Umfeld* ab Seite 43).

Selbst bei sehr langen Buchungen nimmt Sie das Team höchstens langsam an und hat dabei immer im Hinterkopf, dass Sie beträchtlich mehr Geld verdienen. (Dabei wird meist vergessen, dass Sie nichts verdienen, wenn Sie *nicht* arbeiten. Klingt naheliegend, aber Festangestellte bekommen *immer* ihr festes Gehalt – auch wenn sie krank waren oder gar kein Projekt anstand.)

Um dieses Problem zu lösen, teilen sich viele Freelancer ein Büro oder einen Coworking Space. Dort arbeitet man dann zwar nicht unbedingt gemeinsam an einem Projekt, aber man sitzt zumindest zusammen. Das ist allerdings nur für Freelancer sinnvoll, die eigene Projekte oder Homeoffice-Buchungen haben. Wer ständig in den jeweiligen Firmen sein muss, zahlt das Büro umsonst. Apropos:

KÖNNEN SIE GUT MIT GELD UMGEHEN?

Wenn Freelancer in wirtschaftlich guten Zeiten scheitern, konnten sie es meist nicht. Aber dazu muss man sich, ehrlich gesagt, schon sehr dumm anstellen. Zum Beispiel die Umsatzsteuer ausgeben. Gerade wer vorher lange festangestellt war, ist gewohnt, dass das Geld auf dem Konto mehr oder weniger zur freien Verfügung steht. Als Freelancer müssen Sie davon auch Steuern und Versicherungen bezahlen. Mein Steuerberater erzählte von einem (jetzt ehemaligen) Freelancer, der sich nach den ersten Monaten direkt einen alten Porsche gekauft hat. Da half nur noch ein teures Bank-Darlehen, um die Schuld zu tilgen. Denn das Finanzamt hatte extrem wenig Verständnis für diese Oldtimer-Liebe. Als Selbstständiger sollten Sie Ihre Finanzen im Griff haben. Auch langfristig, für den folgenden Fall:

KÖNNEN SIE DAMIT LEBEN, DASS SIE OFT NICHT WISSEN, WAS NÄCHSTEN MONAT PASSIERT?

Manche empfinden genau das als spannend und interessant – andere bekommen einfach nur Angst. Selten standen sich die individuellen Wünsche Stimulanz oder Balance so klar gegenüber. Zur Beruhigung sei gesagt: Alle Freelancer sind anfangs nervös – und werden mit der Zeit entspannter, was ausbleibende Anfragen betrifft. Emil Möller, seit über zehn Jahren Freelancer, sagt: »*Im ersten Jahr als Freelancer wurde ich nach einer Woche nervös, wenn keine Anfragen kamen. Im zweiten Jahr nach zwei bis drei Wochen. Und mittlerweile kann auch mal ein bis zwei Monate niemand anrufen, bevor ich doch mal wieder Akquise mache.*« So eine Coolness muss man sich leisten können. Dafür gab er diesen Tipp: »*Spar' so schnell es geht einen Puffer an, dass du ein Jahr über die Runden kommst. Nichts macht so entspannt wie ein volles Konto.*« Aber bevor das so weit ist, brauchen Sie einige Basis-Fähigkeiten:

TRAUEN SIE SICH ZU, BUCHHALTUNG UND FORMALITÄTEN ZU ÜBERNEHMEN?

Sie sind als Freelancer selbstständig, also müssen Sie auch unternehmerisch denken. Dazu gehört besagtes wirtschaftliches Verständnis und – speziell in Deutschland – eine gewisse Angstfreiheit was Formalitäten und Bürokratie angeht. Das beginnt mit dem Antrag auf Gründungzuschuss, dem Businessplan und diversen Versicherungen, um die Sie sich kümmern sollten (wird später in den entsprechenden Kapiteln erklärt). Das ist zwar lästig – aber kein Hexenwerk. Vor allem, wenn Sie die fiesesten Stolperfallen kennen. Wie diese hier:

HABEN SIE IHRE ALTERSVORSORGE IM GRIFF?

Florian Grimm, Gründer von GGH MullenLowe, nannte es den wichtigsten Hinweis für Freelancer: *Denkt an eure Altersvorsorge!* Er kennt viele, die Jahrzehnte sehr locker unterwegs waren und jetzt mit 50 nervös werden, weil sie sich nie um ihre Altersvorsorge gekümmert haben (siehe Kapitel *Versicherungen & KSK* ab Seite 137).

Am besten, Sie machen die Altersvorsorge zu einem selbstverständlichen Teil Ihres Gründungsplans und lenken ab dem ersten Tag alles in die richtigen Bahnen. Denn schließlich werden Sie mehr verdienen – also können Sie auch mehr anlegen. Der Unterschied zur Festanstellung ist nur: Sie müssen alles selbst machen! Der Staat hilft Ihnen als Freelancer nur wenig.

Um genau zu sein, werden Sie sogar sozialrechtlich massiv benachteiligt! Denn für den Staat haben sie kein *Normalarbeitsverhältnis*. Freelance gilt für die Politik leider als unnormal, um nicht zu sagen: minderwertig. Ganz besonders Eltern, die beide arbeiten und trotzdem Zeit für ihre Kinder haben wollen, bekommen das deutlich zu spüren: Die gesetzliche Krankenkasse verlangt doppelte Beiträge (statt der kostenlosen Mitversicherung bei einem Alleinverdiener). Die Beitragsbemessungsgrenzen greifen oft nicht und aus der Pflege-, Arbeitslosen- und Rentenversicherung sind Sie sogar komplett raus. Aber statt sich darüber aufzuregen, blättern Sie lieber zum Kapitel *Versicherungen & KSK* ab Seite 137), da wird vieles wieder möglich und manches sogar besser.

Die meisten kritischen Fragen drehen sich bei Freelance tatsächlich um rein formale Dinge. Und das ist auch die größte Umstellung, sofern Sie aus der Festanstellung kommen. Vieles wird schnell zur Gewohnheit und die speziellen Themen sind auch kein Problem, solange sie bedacht werden. Aber es gibt auch einige inhaltliche Fragen, die Sie bedenken sollten:

IST IHNEN KLAR,

DASS SIE NICHT MEHR BEFÖRDERT WERDEN?

Wenn Sie auf Senior-Level ins Freelancen einsteigen, werden Sie auch nach zehn Jahren immer noch auf Senior-Level sein. Vielleicht wird Ihnen zwischendurch ein Job als Kreativdirektor angeboten, aber dann auch nur in Festanstellung. Sie können sich natürlich selbst befördern und eine Stufe höher/teurer verkaufen. Dann müssen Sie dem höheren Anspruch natürlich auch gerecht werden – was ohne Chef oder Mentor, der Ihre Fähigkeiten neutral bewertet und korrigiert, schiefgehen kann. Daher eine Warnung:

HABEN SIE IHR HANDWERK SICHER IM GRIFF?

Das sollten Sie unbedingt. Daher kann man Berufseinsteigern vom Freelancen fast immer abraten! Nicht nur, weil das gefragte handwerkliche Rüstzeug fehlt, sondern auch, weil sich die Arbeit schlicht nicht rechnet. Ein Zahlenspiel: Junioren beginnen häufig mit einem sehr geringen Tagessatz von 300 plus/minus 100 Euro. Ohne gutes Netzwerk ist es unwahrscheinlich, dass Sie durchgebucht werden (also 20 Tage pro Monat). Angenommen, Sie sind 10 Tage pro Monat für 300 Euro gebucht. (Und ein einmal aufgerufener Tagessatz ist nur schwer nach oben zu korrigieren!) Dann bleiben von diesen 3.000 Euro Bruttoeinnahmen nach ca. 50 Prozent für Steuern und Versicherungen noch 1.500 Euro netto. Das Netto-Durchschnittseinkommen in Deutschland lag 2015 zwischen 2.048 Euro und 2.414 Euro. Sie verdienen also deutlich weniger als in einer Festanstellung, entwickeln sich nicht weiter und bekommen kaum gute Arbeiten in Ihr Portfolio. Kurz: Freelance macht erst ab Senior-Level richtig Freude. Auch weil Sie dann schon viele Leute kennen, die Sie im Idealfall mögen. Apropos:

SIND SIE NETT?

Klingt banal, aber die wichtigste Fähigkeit eines Freelancers ist Charisma. Man muss einfach gerne mit Ihnen arbeiten wollen. Mein erster Chef sagte mal zu einem Freelancer: *Wir buchen dich ja nicht, weil du so ein guter Texter bist – wir buchen dich, weil du so ein netter Kerl bist!* Das war natürlich als Witz gemeint – trotzdem hatte es eine versteckte Wahrheit. Niemand möchte seine Arbeitszeit mit Nervensägen verbringen. Vor allem dann nicht, wenn man es sich so leicht aussuchen kann, wie bei Freelancern.

FÄLLT IHNEN NETZWERKEN UND SOCIAL MEDIA LEICHT?

Charismatische Menschen sind meist auch gute Netzwerker. Aber es gehört noch mehr dazu. Sie sollten zum Beispiel auch gern auf Branchenevents gehen (oder sie zumindest nicht als grausame Qual empfinden). Denn dort lernen Sie am besten potenzielle Auftraggeber kennen (mehr in Kapitel *Akquise, Anrufe & Abverkauf* ab Seite 202). Auch gute Social-Media-Fähigkeiten und eine entsprechend mitteilsame Art sind enorm hilfreich. Denn je mehr Leute Sie kennen, desto mehr Anfragen werden Sie bekommen. Wenn Sie nett sind, natürlich.

WOLLEN SIE (AUCH) EIGENE PROJEKTE REALISIEREN?

Das ist sehr empfehlenswert, denn in typischen Agentur-Buchungen werden Sie Projekte nicht zu Ende verfolgen. Als Texter geben Sie häufig nur Ideen ab und ein anderes (festes) Team kümmert sich um die Umsetzung. Als Designer helfen Sie oft nur beim Layout aus. Zum Shooting fahren andere (Festangestellte). Gerade für viele Kreative, die Werbung nur als Vehikel nutzen, um Filme drehen zu können, macht freelancen keinen Sinn – denn Sie werden der Produktion beraubt.

Besonders riskant arbeiten Freelancer, die böse formuliert nur *Pitch-Bitch* für Agenturen sind. Die bekommen in schlechten Jahren keine einzige Arbeit in ihr Portfolio (da Pitch-Konzepte in den seltensten Fällen umgesetzt werden). Eine einfache Lösung: Realisieren Sie eigene Projekte! Investieren Sie dafür das Mehr an Zeit und Geld. *»Du machst eine Sache, um eine andere zu finanzieren«*, sagt Leif Abraham vom Inkubator Prehype. Was diese andere Sache ist, bestimmen Sie. Das kann ein Start-up sein, ein Kunstprojekt oder etwas, auf das Sie schon immer Lust hatten. Der große Vorteil: Keiner wird Ihnen Ihr Projekt wegnehmen oder reinreden. Solange Sie Ihr Projekt nicht loslassen, lebt es weiter – bis es schließlich fertig ist. Es ist ein sehr befriedigendes Arbeiten, wenn Sie das realisiert haben. Dieses Buch ist auf diese Weise entstanden.

Wenn der Wunsch nach etwas Eigenem in dir ist, dann machst du das irgendwann auch.

PHILIPP FEIT

FIRMENGRÜNDUNG Zumindest, wenn Sie mutig genug sind. Denn wie bei einer Familiengründung wird es nie den einen, perfekten Zeitpunkt geben. Irgendwas wird immer dagegensprechen: Zeit, Geld, Familie, Hobbys etc. Aber das unterscheidet Unternehmer von allen anderen: sie machen es trotzdem. Als Gründer stehen Sie mit einer fast naiv scheinenden Euphorie hinter Ihrer Geschäftsidee und stürzen sich dafür nicht selten in eine Phase großer Unsicherheit (wie bei jeder Investition).

Unternehmer nehmen viel Risiko in Kauf. Nicht nur finanziell, sondern auch persönlich. Denn wenn Ihr Name an der Klingel steht und die Firma scheitert, lastet Ihnen diese Niederlage lange an. Dazu kommt ein Maximum an Formalitäten und rechtlichen Herausforderungen. Besonders im Fall von Steuerprüfungen, Entlassungen oder gar Schließungen werden Sie mit Themen konfrontiert, die Ihren kreativen Zielen nicht ferner sein könnten. Dafür ist eine Gründung die eindeutigste Form der Selbstverwirklichung. Das ist Ihr Ding! Niemand wird Ihnen reinquatschen (außer, Sie haben einen Investor). Wie Ihre Firma genau aussieht, bestimmen Sie. Das bietet Ihnen buchstäblich unendliche Möglichkeiten: vom kleinen Studio bis zum börsennotierten Imperium. – Vom selbstverwalteten Team bis zur strikten Führung. – Von regionaler bis zu internationaler Arbeit. – Von traditionellem Handwerk bis zu Highend-Technologie. – Vom stillen Helden bis zur Rampensau. – Von Gewinnoptimierung bis Weltklasse-Kreation. Das alles ist Ihre Entscheidung. Jede einzelne will mit Bedacht getroffen werden – und da ist die Auswahl der richtigen Stühle oder der Kaffeemaschine noch gar nicht dabei ...

Die Selbstfindungsphase, bis sich Ihre Firma eingespielt hat, ist die härteste. 29 Prozent aller Gründungen in Deutschland scheitern in den ersten drei Jahren. Von den zahlreichen Digital-Start-ups, die meist zuerst ohne formelle Gewerbeanmeldung gründen, scheitern noch sehr viel mehr. Aber auf der anderen Seite lässt sich diese Statistik auch äußerst positiv lesen: 71 Prozent aller Gründer schaffen es! Das macht doch Hoffnung.

FIRMENGRÜNDUNGSFRAGEN

HAT DER MARKT AUF IHRE FIRMA GEWARTET?

Gibt es potenzielle Kunden oder Auftraggeber? Oder noch einfacher: Werden Sie mit Ihrer Idee Geld verdienen? Wenn Sie diese Frage nicht mit Ja beantworten können, lassen Sie's. (Das gilt auch für soziale Projekte, mit denen Sie die Welt verbessern wollen. Sie werden Geld brauchen. Ob Sie das direkt verdienen oder von Sponsoren oder Spendern bekommen, spielt keine Rolle).

KOMMEN SIE MIT NIEDERLAGEN UND GEGENWIND KLAR?

Mit der eigenen Firma werden Sie überrascht sein, wie eisig der Wind tatsächlich durch Ihre Branche pfeift. Da gräbt die Konkurrenz heimlich an Ihren Auftraggebern, bietet Ihren Lieferanten Exklusivverträge oder Sie lesen erstaunt in der Fachpresse, dass genau Ihrem Geschäftsmodell das sichere Ende bevorsteht – Ihr Wettbewerber ist davon jedenfalls überzeugt! Oder Sie werden von Anwälten und Finanzbeamten plötzlich ungewöhnlich genau unter die Lupe genommen, weil *jemand* einen anonymen Hinweis gegeben hat. Und sollte Ihre Firma erstaunlich gut starten, wird sich vermutlich schnell jemand finden, der Ihre Idee angeblich schon vor Ihnen hatte und mit Presse und Anzeigen droht.

Das muss natürlich alles nicht passieren – aber es wäre auch keine Seltenheit. Sie brauchen das Talent, immer wieder aufstehen zu können. Es geht immer weiter. Kleiner. Anders. Aber weiter. Wenn Sie aufgeben, sind Sie kein Firmengründer.

HABEN SIE GELD FÜR DIE GRÜNDUNG ODER BRAUCHEN SIE EINEN INVESTOR?

Die meisten Firmen finanzieren sich am Anfang durch Erspartes (liest man nur selten, da die Schlagzeilen recht fad wären). Wenn Sie trotzdem einen Investor brauchen, achten Sie genau darauf, wie viel Mitsprache er hat und welche Interessen ihn leiten. Manche Investoren bestimmen einen eigenen Geschäftsführer oder verpflichten Sie in Rekordzeit zur schwarzen Null – ohne Rücksicht auf Kreationsqualität. Ob das dann noch so viel mit Selbstverwirklichung zu tun hat, ist zumindest fraglich.

KENNEN SIE IHRE(N) PARTNER GUT GENUG?

Die meisten Gründungen scheitern an den Gründern. Klingt naheliegend, wird aber fast immer unterschätzt. Fragen Sie sich, wie gut Sie Ihre/n Geschäftspartner wirklich kennen. Will er Tag und Nacht alles geben? Oder lieber pünktlichen Feierabend? Und was wollen Sie? Allein diese Fragen führen schon zu erbitterten Streits, die man in einer ohnehin schon turbulenten Phase gar nicht gebrauchen kann. Auch angestrebte Firmengröße und Kreationsqualität sind potenzielle Streitpunkte. Wenn Sie sich nicht hundertprozentig einig sind, wird es auf Dauer gewaltig knarzen – bis einer aussteigt (und dabei, je nach Gründungsvertrag, die Firma in die Knie zwingt).

KÖNNEN SIE IHRE GESCHÄFTSIDEE IN EINEM SATZ ZUSAMMENFASSEN?

Die Positionierung Ihrer Firma ist eine bedeutende Hausaufgabe. Das merken Sie oft erst bei der Arbeit an der Website. Denn dabei werden Sie gezwungen, Ihr Angebot kurz und knackig auf den Punkt zu bringen (nicht seitenlang, wie im Businessplan). Je nach Zahl und Meinungen der Gründer, zieht sich dieser Prozess ewig hin (und führt schlussendlich zu einem schwammigen Buzzword-Brei, den Sie überall lesen können). Besser, Sie wissen von Anfang an, worauf es ankommt.

SIND SIE EIN UNTERNEHMERTYP?

»Wenn es mit einer mittelgroßen Firma schlecht läuft, sind Sie zwei Monate von der Pleite entfernt, wenn es richtig gut läuft, sechs.« So beschrieb ein befreundeter Firmengründer seine Erfahrung und wirkte dabei erstaunlich entspannt. Als Unternehmer sind Sie der Kapitän und bestimmen den Kurs – auch wenn Sie insgeheim selbst noch gar nicht genau wissen, wo es hingehen soll. Sonst droht Demotivation oder gar Meuterei. Als Gründer brauchen Sie Mut und den Drang, etwas einfach zu machen. Eine gewisse Coolness und etwas optimistischer Fatalismus wären auch hilfreich.

KOMMEN SIE DAMIT KLAR, MITARBEITER ZU ENTLASSEN?

Wenn Sie Angestellte haben, werden Sie früher oder später jemandem kündigen. Das muss gar nicht aus wirtschaftlichen Gründen passieren. Manchmal passt es einfach nicht. Und gar nicht so selten ist ausgerechnet Ihr Gründungspartner der Erste, der Ihre Firma verlassen muss. Jemanden zu entlassen ist für niemanden leicht – aber für manche ist es ein echter Albtraum. Überlegen Sie sich gut, ob Sie sich dieser Qual stellen wollen.

STEHT IHRE FAMILIE ODER IHR PARTNER HINTER IHNEN?

Sie werden Rückendeckung brauchen. Denn auch mit einer Firma haben Sie schließlich noch ein Privatleben, und das wird während der Gründungsphase schon genug beansprucht (siehe Kapitel *Die drei Hauptziele* ab Seite 26).

Sie haben nur ein gewisses Maß an Gesamtenergie. Machen Sie sich Gedanken, wie Sie die verteilen wollen. Und klären Sie Ihre Entscheidung mit Ihren Lieben.

FAMILIENGRÜNDUNG Überraschung! Neben Festanstellung, freiberuflicher Arbeit und der eigenen Firma ist auch die Gründung und das Management einer Familie ein ebenbürtiges Arbeitssystem. Mit jeder Menge Parallelen: Zuerst entschließen sich zwei Gründungspartner, es (gefühlt endlich) zu wagen. Sie sagen sich etwas nervös: *Wir haben zwar keine Ahnung, was genau auf uns zukommt, aber wir machen das jetzt!* Kommt nichts mehr dazwischen, folgt die Familiengründung (mit erschreckend ähnlichen Amtsbesuchen und Formularen).

Dann folgt eine schwierige Startphase. Beide Gründer arbeiten Tag und Nacht, sind ständig verfügbar, lesen sich parallel neues Wissen an und befragen erfahrene Gründer! Mit der Lebensqualität geht es erst mal rapide bergab. Auch, weil für gesunde Ernährung (für Sie selbst) kaum Zeit bleibt.

Dann wird es langsam besser. Die Abläufe werden effizienter, die Organisation spielt sich immer mehr ein, jeder findet seine Rolle und beide sind unglaublich stolz auf ihr Baby. Kaum läuft alles bestens, gibt es Expansionspläne …

Zugegeben, es ist nicht sonderlich emotional und feinfühlig ein Kind mit einer Firma zu vergleichen. Natürlich ist es das nicht. Dennoch kann es sehr befreiend sein, sich einzugestehen, dass ein Kind auch Arbeit ist. Eine anspruchsvolle, komplexe und zeitraubende Arbeit, für die es nicht einmal eine allgemeingültige Ausbildung gibt. Jeder macht seinen Elternjob nach bestem Wissen und Gewissen – aber richtig sicher ist sich dabei fast niemand.

Wundervoll auf den Punkt gebracht wurde diese Herausforderung im Werbespot *World's Toughest Job* von Cardstore (auf YouTube). Dort wurden Bewerber mit scheinbar irrsinnigen Jobanforderungen konfrontiert: *Sie müssen Tag und Nacht verfügbar sein, es gibt keine Pausen, Urlaube sind die stressigste Zeit, Essen ist möglich – aber erst wenn ihr Begleiter fertig ist, am besten haben Sie Abschlüsse in Medizin, Finanzen, Psychologie und Kunst – ach, und es gibt keine Bezahlung.* Am Ende wird klar: Es geht um den Job einer Mutter.

Bevor ich Kinder hatte, hörte ich häufig den Satz: *Es ist anstrengend, aber auch wunderschön.* Die Dimensionen dieser Worte wurden mir erst später klar. Und zwar beide Teile des Satzes. Diese (vorher) unbegreiflich großen Emotionen – die dieser (vorher) unbegreiflich großen Arbeitsleistung gegenüberstehen – das ist Familiengründung in Kurzform. Ein eigenes Kind ist ein gewaltiger Eingriff in Ihr Leben. Und zwar nicht nur in Ihr Berufsleben. Aber wie bei allen anderen Systemen, haben Sie auch hier einige Optionen:

Das eine Extrem sind *Business-Eltern.* Hier verfolgen beide Elternteile schnellstmöglich nach der Geburt ihre Karrieren weiter, als wäre nichts passiert. Das Kind ist dabei fast die gesamte Zeit bei einer Tagesmutter (die Sie sich dank doppelter Einkünfte auch leisten können). Ihr Kind sehen Sie vor allem am Wochenende – wenn da nicht auch noch gearbeitet werden muss. Die fehlende Zeit versuchen Sie häufig mit teuren Geschenken und Urlauben zu kompensieren.

Das andere Extrem sind *Helikopter-Eltern,* die ständig über ihrem Kind schweben. Hier wird trotz häufig guter Ausbildung das gesamte Leben den Kindern geopfert. Jedes Detail in jedem Bereich wird exakt durchleuchtet, ob es auch wirklich das Allerbeste für die Kleinen ist: Ernährung, Hygiene, Spielzeug, Ausbildung, Umgang, Freizeit etc. Nichts wird dem Zufall überlassen, Gefahr lauert überall, alles ist extrem wichtig und Meinungen werden aggressiv verteidigt.

Glücklicherweise gibt es zwischen diesen Extremen unzählige Graustufen. Denn eine Familie ist eine sehr individuelle Angelegenheit. Jeder interpretiert sie anders. Und in keinem anderen Bereich ist die Toleranz gegenüber anderen

Meinungen und Ansichten so gering: *Wie können die das nur machen? Die benutzen wirklich* XY?!? *Das ist für mich ja völlig unverständlich! Hab ich auch gehört, schlimm!* Beim Thema Familie und Erziehung mutieren (besonders junge) Eltern gern zu alten Dorfbewohnern am Gartenzaun.

Ein wenig Entspannung und gegenseitiger Respekt würde der Diskussion (wie immer) gut tun. Denn solange es Eltern und Kindern gut geht und auch die Mitmenschen nicht darunter leiden, gibt es keinen Grund, ein Familienmodell zu verurteilen. Hier passt ein schöner Satz aus der Softwareentwicklung: *Eine doofe Idee, die funktioniert, ist keine doofe Idee.* Also wenn Sie alle glücklich sind (und dabei keinem schaden), machen Sie weiter so.

Das Schöne ist, dass die beschriebenen Arbeitssysteme die Chance bieten, das zu schaffen: In der Festanstellung können Sie zum Beispiel Teilzeit oder eine Vier-Tage-Woche aushandeln. Als Freelancer können Sie Teilzeit arbeiten und die buchungsfreie Zeit mit Ihrem Nachwuchs genießen (oder, wenn es richtig gut läuft, nur so viele Jobs annehmen, wie Sie mit Ihrer Familie vereinbaren können). Mit der eigenen Firma bestimmen Sie, wie viel Zeit dabei für Ihre Familie bleibt. Die Gründungsphase ist allerdings fast immer sehr zeitaufwendig und lässt Ihnen wenig Luft. Je nach Ambitionen und Wachstumsplänen verlangt Ihre Firma ständige Aufmerksamkeit und viel Einsatz. Während dieser Phase wird die Beziehung auf eine harte Probe gestellt – die häufig scheitert. Um das zu vermeiden, schätzen Sie Ihre Gesamtenergie realistisch ein. Überschätzen Sie sich dabei, brennen Sie entweder aus oder ein Bereich leidet unter Energiemangel. Bedenken Sie schon in Ihrem Businessplan, dass Ihre Firma nicht zwangsläufig beeindruckende Wachstumszahlen braucht, um zu bestehen. Gerade in der Kreativbranche gibt es viele gute Beispiele für wirtschaftlich kerngesunde

Firmen, die aus einer bis zehn Personen bestehen und überhaupt *keine Wachstumsambitionen* haben. Trotzdem können
diese Firmen große Projekte stemmen, wenn kurzfristig
Freelancer mithelfen. (Und nach dem Projekt haben Sie wieder Zeit für Ihre Familie.)

Zugegeben, einfach ist das alles nicht. In einigen kreativen Berufen sind Sie flexibler (zum Beispiel als Fotograf,
Texter, Designer, Schauspieler, Musiker) als in anderen (all
jene Berufe, die ständigen Kundenkontakt/Anwesenheit
erfordern). Für Berufsanfänger, die noch ihr Handwerk lernen, gibt es praktisch keine flexiblen Modelle.

Nur eins gilt für alle: Ein gutes Portfolio hilft auch bei
Ihrer Familienplanung! Es eröffnet Ihnen in jedem System
mehr Möglichkeiten. Denn für gute Leute gibt es immer
Arbeit – und für sehr gute Leute wird vieles möglich gemacht.

FAMILIENGRÜNDUNGSFRAGEN Wie bei den drei
anderen Themen auch, gibt es auch hier kritische Fragen,
die Sie sich stellen sollten. Trotzdem ist Familie etwas anderes. Vielleicht haben Sie sogar ein inneres Widerstreben,
Familie in eine Reihe mit Festanstellung, Freelance und Firmengründung zu stellen. Ich habe selbst Frau und zwei Kinder, und diese drei sind mir weit wichtiger als alles andere.
Über eine kleine Vorwarnung bezüglich der einen oder
anderen Sache hätte ich mich trotzdem gefreut. Vieles überrascht einen eben doch. So wäre ich vielleicht einigen Prob-
lemen etwas souveräner begegnet.

Mich stört die mangelnde Wertschätzung gegenüber der
Familiengründung in unserer Gesellschaft. Wer (noch) keine
Kinder hat und die folgenden Fragen liest, versteht besser,
was Eltern leisten und wie wichtig es ist, sie zu unterstützen
und ihnen das Berufsleben nicht unnötig schwer zu machen.

Meiner Erfahrung nach sind Eltern angenehme Kollegen, weil sie eine – quasi von Haus aus – große Stressresistenz haben. Nicolas Kittner schreibt: »*Mütter oder Väter schaffen in den vier Stunden einer Halbtagsbuchung mehr als einige ihrer Kollegen in zehn. Das liegt daran, dass sie wissen, dass um spätestens 15 Uhr ihr Kind in der Kita abgeholt werden will und sie daher keine Zeit mit Unnötigem verlieren.*«

Und wer einmal nachts sein Kind mit Lungenentzündung oder Fieberkrampf ins Krankenhaus bringen musste, den schockt auch keine noch so wichtige Pitchpräsentation. Egal wie sehr man meine Frau und mich vorher gewarnt hätte, wir hätten uns trotzdem voller Überzeugung dafür entschieden. Allein wegen dieser Frage:

STELLEN SIE SICH IHR LEBEN MIT ODER OHNE KINDER VOR?

Das ist die wichtigste Frage. Wenn Sie sich für Kinder entscheiden: Machen Sie's! Besser früher als später. Vor allem, wenn Sie mehrere Kinder planen.

HÄLT IHRE PARTNERSCHAFT DAS AUS?

Nach der wichtigsten – direkt die schwierigste Frage. Denn woher soll man das wissen? Es ändert sich schließlich wahnsinnig viel. Trocken formuliert, sollten Sie sich sicher sein, dass Ihr Partner geeignet ist, wirklich harte Phasen durchzustehen. Wenn Sie schon vorher ahnen, dass die Arbeit allein bei Ihnen hängen bleibt (und Sie das nicht wollen) oder die Partnerschaft sogar daran zerbricht, dann lassen Sie es.

Grundsätzlich wird die Partnerschaft durch Kinder intensiver. Das ist sehr gut, wenn die Beziehung vorher schon gut war. – Und sehr schlecht, wenn sie schlecht war.

Niemand sollte versuchen, eine kränkelnde Beziehung mit einem Kind *zu retten*. Die Wahrscheinlichkeit, dass es funktioniert, ist sehr gering. Ein Kind ist wie ein kleines

Erdbeben für eine Beziehung. Ohne solides Fundament bleiben nur Trümmer übrig. Bleibt sie bestehen, wissen beide, was sie alles schaffen können.

WELCHES PARTNERSCHAFTSMODELL WÄHLE ICH?

Dieses Fundament können Sie festigen, wenn Sie vorher klären, welcher Partner sich mehr um den Nachwuchs kümmert – oder ob die Aufgabe voll und ganz gleichberechtigt aufgeteilt wird. Dazu kommt auch die Frage, ob Sie heiraten wollen, und wenn ja, mit oder ohne Ehevertrag? Und wenn nicht, sind Ihre Familien mit der Entscheidung einverstanden oder setzen Sie sich darüber hinweg? Sie sollten generell auf Kritik an Ihrem gewählten Familienmodell gefasst sein. Irgendwer sagt immer was (Blödes).

KOMMEN SIE DAMIT KLAR, DASS IHRE SPONTANITÄT UND PERSÖNLICHE SELBST- VERWIRKLICHUNG EINGESCHRÄNKT SIND?

Beziehung und Kinder schön und gut – aber was ist eigentlich mit Ihnen? Ihre individuellen Wünsche treten in einer Familie tatsächlich einen ganzen Schritt in den Hintergrund. Konkret bedeutet das: keine spontanen Treffen mit Freunden, keine durchzechten Nächte, kein Serien-Gucken bis tief in die Nacht, keine spontanen *Liebesüberfälle*, kein Lesen/ Spielen/..., wann Sie wollen und fast keine Rückzugsorte in der eigenen Wohnung mehr. Und zwar für lange Zeit. Babys und Kleinkinder verlangen Sie nonstop, bei Schulkindern müssen Sie sich nach den Ferien richten, Teenager wollen zuhause feiern und Sie sollen am besten gehen, Studenten sind zwar aus dem Haus, sorgen aber trotzdem für schlaflose Nächte und ältere Kinder trennen sich von ihren Partnern und ziehen evtl. wieder zuhause ein ... Kinder haben

Sie wirklich ein Leben lang. Glücklicherweise lassen sich alle diese Einschränkungen auch einschränken. Und zwar hiermit:

HABEN SIE EIN SOZIALES UMFELD (FAMILIE, FREUNDE) ODER FINANZIELLE MÖGLICHKEITEN (BABYSITTER, AU PAIR, NANNY) ZUR BETREUUNG?

Das wäre hilfreich. Sehr sogar. Denn damit lässt sich fast die gesamte letzte Frage entschärfen. Wenn sich Hilfe anbietet, nehmen Sie sie an. Gehen Sie ohne Kinder zusammen weg, schaffen Sie sich Freiräume – und vergessen Sie nicht, warum Sie als Paar zusammen sind. Eine gescheiterte Beziehung ist für Ihren Nachwuchs vermutlich tragischer als ein paar Abende bei der Babysitterin oder Oma.

PASST MEIN BERUF BZW. MEIN GEWÄHLTES ARBEITSSYSTEM (FEST, FREI, FIRMA) ZU DIESER ENTSCHEIDUNG?

Lohnt es sich, für den Kinderwunsch dieses Modell zu ändern? Planen Sie die Betreuungsmöglichkeiten, wenn Sie Ihren Beruf weiter ausüben bzw. andere berufliche Ziele erreichen möchten.

SIND SIE BEREIT, VERANTWORTUNG FÜR EINEN ANDEREN MENSCHEN ZU ÜBERNEHMEN – EIN LEBEN LANG?

Kein Lebewesen auf der Welt ist nach der Geburt so lange nicht alleine lebensfähig wie der Mensch. (Das hängt übrigens mit dem aufrechten Gang zusammen. Die Babys müssen früher durch das enge Becken und sind daher noch relativ *unfertig*.) Aber sobald die *Grundfunktionen* im wahrsten Sinne laufen, fangen die Probleme erst richtig an. Und Sie sind nicht nur dabei – Sie sind sogar schuld. Aufsichtspflicht ist das strenge Wort dafür. Zumindest in den ersten Jahren liegt es in Ihrer Verantwortung, dass Ihr Kind nicht *auf die schiefe Bahn* gerät – wie auch immer die aussieht. Dazu kommt, dass ein Kind kein Gerät ist, das Sie weglegen oder abschalten können. Es ist immer da – und immer an. Es ist ein eigener Mensch mit eigenem Willen und eigenen Zielen – die müssen (und werden) nicht unbedingt mit Ihren übereinstimmen.

HABE ICH DIE DISZIPLIN, ARBEIT UND KINDER UNTER EINEN HUT ZU BRINGEN?

Wollen beide Elternteile arbeiten, steigt der Organisationsaufwand beträchtlich. Hier ist eine gute und schnelle Abstimmung und Aufteilung zwischen Ihnen und Ihrem Partner gefragt. Bei einer *klassischen* Aufteilung in einen Vollzeitarbeiter und einen Vollzeitbetreuer ist diese Organisation einfacher. Verlangt aber von beiden Opfer: Einer verliert den häufigen Kontakt zum Kind – und der andere verliert seine berufliche Erfüllung. Diese Arbeitsteilung sollten Sie vorher genau besprechen, denn sie führt sonst später zu Diskussionen oder Streit. Und bei allem *Wünsch dir was* müssen Sie schließlich auch Ihre Finanzen bedenken ...

HABEN SIE IHRE FINANZEN IM BLICK?

Ein Kind kostet in seinem Leben ungefähr so viel wie ein kleines Einfamilienhaus. Anfangs kaufen Sie sehr viel *Kleinkram* für Ihr Baby. Später wird es zwar weniger, aber dafür teurer (zum Beispiel für Smartphone, Computer oder gar Auto). Bei mehreren Kindern werden Wohnung und Auto auch recht eng ... Und in dieser Rechnung fehlt noch, dass Ihre Einnahmen während der gesamten Zeit deutlich geringer sind. Ein Einkommen bricht mindestens zur Hälfte weg und eine Kita ist je nach Bundesland auch nicht günstig. Und:

HABEN SIE KRANKHEITEN MIT EINKALKULIERT?

Klingt seltsam, aber Ihnen wird fast jedes Elternpaar bestätigen, dass Sie in den ersten Jahren sehr oft krank sein werden. Nicht nur das Kind – auch Sie selbst. Vor allem die ersten Jahre in der Kita sind berüchtigt dafür, dass die Kleinen eine Krankheit nach der anderen mit nach Hause schleppen. Und falls Sie selbstständig sind, zahlt Ihnen niemand die Ausfälle. Das ist nicht nur finanziell anstrengend: Wenn Ihr Kind krank ist, darf es nicht in die Kita und zuhause müssen Sie sich nonstop kümmern. Neben dem Verdienstausfall fehlen Sie bei wichtigen Meetings und rennen hinterher. Das ist alles machbar, aber: Das müssen Sie wollen.

»*I never promised you a Rose Garden*« ist ein berühmter Country-Song von Joe South und Lynn Anderson. Er drückt aus, dass auch in einer schönen Beziehung nicht alles perfekt ist. Aber das ist keinerlei Kritik an der Beziehung – sondern, im Gegenteil, ein Kompliment! Jeder kann etwas Gutes loben oder etwas Schönes oder Einfaches machen (zum Beispiel Rosen verschenken). Aber die Entscheidung für eine gemeinsame, offensichtlich gewaltige Herausforderung, wie eine Familiengründung – das ist die vielleicht mächtigste Form der Romantik. So wird jedes kleine oder große Problem, das Sie mit Kindern erleben und durchstehen werden, zu einem kleinen oder großen Liebesbeweis. Denn Sie und Ihre Familie haben das gemeinsam geschafft! Wer braucht da noch einen Rose Garden?

DIE ARBEITSSYSTEME IN DER ÜBERSICHT

	Festanstellung	Freelance
Sicherheit	**Gut.** Pro: Kündigungsfrist und mögliche Abfindung im Falle einer Kündigung. Kontra: Oft starke Abhängigkeit von einzelnen Auftraggebern/ Chefs = wenig Kontrolle.	**Gut,** wenn Sie Rücklagen bilden. **Schlecht,** wenn nicht.
Soziales Umfeld/ Kollegen	Meist **gut** bis **sehr gut.**	**Eher schlecht,** weil feste Kollegen fehlen. Bei eigenen Projekten mit anderen Kreativen wieder **gut.**
Selbstver- wirklichung	Im Allgemeinen eher **gering.**	Wenn parallel auch eigene Projekte verfolgt werden, **sehr hoch.** Wenn nicht, **sehr gering.**
Arbeitszeit	Theoretisch fest definiert und damit **sehr gut.** Bei chaotischer Führung **schlecht** bis **katastrophal.**	**Großartig.** Wenn Sie nicht gebucht sind, haben Sie frei. Sie arbeiten oft sehr intensiv – oder gar nicht.
Einkommen	Unterhalb der Management-Ebene **schlecht.**	Sehr wahrscheinlich **sehr gut.**
Papierkram mit Ämtern	Findet kaum statt. Also **großartig.**	Anfangs, wenn Gründungszuschuss oder Künstlersozialkasse beantragt werden, **anspruchsvoll.** Mit einem guten Coach oder Steuerberater gut **erträglich.**
Weiter- entwicklung	**Sehr gut,** aber auch riskant. Wer gut ist, wird fast pflichtbefördert, was auch Probleme bringt (siehe Kapitel: *Das kranke Hierarchiesystem* ab Seite 111).	**Sehr schlecht.** Sie bleiben auf dem Level, mit dem Sie ins Freelancen einsteigen.

Firmengründung	Familiengründung
In der Startphase **sehr schlecht**. Hat sich die Firma etabliert, **gut**. Wird die Firma oder große Anteile verkauft, **sehr gut**.	**Mäßig.** Ein Einkommen bricht oft (zumindest teilweise) längere Zeit weg, Eltern- und Kindergeld sind meist deutlich geringer als das Einkommen.
Sehr gut, weil von Ihnen eingestellt.	**Fantastisch.** Eine eigene Familie eben.
Extrem hoch.	Persönlich **sehr hoch**. Fachlich **sehr gering**.
Kommt auf Ihre Firmenkultur an. Aber häufig **sehr schlecht**.	Zumindest am Anfang 24/7 inklusive nachts. Je nachdem, wie gut Ihr Kind schläft, **sehr schlecht** bis **katastrophal**.
Je nach Erfolg **katastrophal** bis **großartig**.	**Schlecht.**
Sehr anspruchsvoll. Mit einem guten Buchhalter, Anwalt und Steuerberater **erträglich**.	Anfangs **überraschend viel** und ähnlich dem Freelancen: Formulare für Elternzeit, Kindergeld, Kita-Gutscheine etc.
Je nach Erfolg **sehr gut.** Selbst wenn Sie scheitern, werden Sie viel gelernt haben.	**Sehr gut.** Sie werden sehr viel lernen. Anfangs mit dem Baby, später von Ihren Kindern.

KAPITEL 3

LISTEN, LUST & LOS

Nach diesem Kapitel haben Sie sich vermutlich entschieden.

Hier beginnt der praktische Teil dieses Buches. Falls Sie unsicher sind, welches Arbeitssystem am besten zu Ihnen passt, sind Sie hier genau richtig. Es gibt kurze Analysen, Pro-&-Kontra-Listen, die ich Ihnen bis jetzt vorenthalten habe und ein paar schlaue Zitate – die dürfen bekanntlich in keinem guten Sachbuch fehlen.

NACHMACHEN Der Motiondesigner Filipe Carvalho sagt: »*Ich habe jahrelang meinem persönlichen Helden nachgeeifert – und mich geärgert, warum ich nicht so gut war wie er. Aber durch diesen Ansporn bin ich immer besser geworden. So lange, bis einige sagten, ich sei sogar besser als er. Jetzt habe ich neue Vorbilder.*« Auf der Suche nach Ziel und Orientierung funktioniert ein kreatives Idol wie ein Leuchtturm. Sie wissen immer, wo es hingeht – oder was Sie besser umschiffen sollten.

Sie können von jedem Menschen immer zwei Dinge lernen: Dinge, die Sie gut finden und übernehmen möchten. Und Dinge, die Sie nicht gut finden und vermeiden möchten. Beides ist hilfreich. In meiner Ausbildung hatte ich einen Chef-Kundenberater als Vorgesetzten, von dem ich auf beiden Seiten viel gelernt habe. Auf der einen Seite stand er beim Kunden wie ein Fels in der Brandung und kämpfte leidenschaftlich für Kreation. Egal wie ein Kunde mäkelte und nölte – er hatte immer noch ein Argument in petto, zur Not auch einen Witz, der die Stimmung wieder rettete. Das hielt er eiskalt so lange durch, bis die Kreation verkauft war. Ich habe in den Jahren danach nie wieder einen Berater getroffen, der diese Verbissenheit an den Tag legte. Kurz: Er ist bis heute mein Vorbild, wenn es darum geht, Kreation zu verkaufen.

Leider hatte er eine ähnlich ausgeprägte Negativseite. Denn er verachtete fast alle Menschen, außer sich selbst. Das zeigte er bei jeder Gelegenheit ganz offen. Bewerber kamen häufig weinend aus seinem Büro. Er beleidigte gerne zuerst die Kleidung (die ihm zu billig war), dann die Frisur und zum Schluss noch alles Fachliche. Mitarbeiter ging er gern grundlos mit persönlichen Beleidigungen in großer Runde an. Er tat das, bis er (etwas) Gegenwind bekam. Für ihn war das ein Spiel. Meiner Erfahrung nach ein typischer 8oer-

Jahre-Chef-Charakterzug. *Reibung erzeugt Wärme* war ein beliebter Leitspruch dieser Generation. Kurz: Ich konnte hervorragend lernen, wie ich *nicht* mit Menschen umgehen möchte.

ANALYSIEREN Diese praktische Analyse anderer Menschen funktioniert natürlich auch bei Ihnen selbst. Was können Sie besonders gut? Was sollten Sie besser vermeiden? Welche Erfahrungen und Fähigkeiten bringen Sie mit? Und vor allem: Was können Sie besser als andere im Markt? Ist Ihnen bei der Arbeit oder in der Ausbildung aufgefallen, dass Ihnen bestimmte Tätigkeiten leichter fallen als anderen? Genau das sind die Skills, die Ihren Marktwert erhöhen und am meisten Freude bringen. Was Sie gut können, machen Sie auch gerne.

Ich habe anfangs lange für die Einsicht gebraucht, dass mir der *klassische 20-Sekunden-Werbefilm mit witziger Pointe am Schluss* weder liegt noch gefällt. Ich habe hunderte solcher Filme geschrieben, die ich insgeheim blöd fand und die vom Kreativdirektor nur mit einem Kopfschütteln zur Seite (Richtung Papierkorb) gelegt wurden. Wenn Sie merken, dass Sie in einer Sache über lange Zeit einfach nicht besser werden und keine Freude daran haben, sollten Sie sie vielleicht einfach lassen und etwas anderes probieren. Ich fand dann übrigens heraus, dass mir innovative Projekte, die Menschen helfen oder unterhalten, leichter fielen und entsprechend viel Spaß machten. Darauf habe ich mich spezialisiert und niemand hat mich seitdem nach einem 20-Sekünder mit witziger Pointe gefragt.

Bei allen fachlichen Qualitäten – vielleicht sind Sie ja auch ein besonders talentierter Familienmensch? Denken Sie an Ihre Prioritäten zwischen Kunst, Kommerz und Kinderkriegen. Wenn Sie gerne Kinder hätten oder wissen, dass Sie im familiären Rahmen vollkommen glücklich wären, dann gehört das genauso zu Ihren Skills wie herausragende kreative Leistungen oder handwerkliches Talent.

Nachdem Sie sich selbst analysiert haben und Ihr *Angebot* kennen, ist die nächste Frage: Wer könnte es brauchen? Denken Sie dabei über Ihre Branche oder Ihr aktuelles Arbeitssystem hinaus. Vielleicht können Sie auf einen Zwischenhändler bzw. Dienstleister verzichten und Auftraggebern ein viel besseres Angebot (auch für Sie) machen? Bedenken Sie dann aber auch den erhöhten organisatorischen Aufwand und die größere Verantwortung. Hören Sie sich in Ihrem Netzwerk um. Oft entsteht eine Chance oder Partnerschaft ganz nebenbei durch puren Zufall. Vielleicht träumt auch ein Arbeitskollege von Ihnen von der eigenen Firma? Möchte eventuell ein Auftraggeber mit *Ihnen* arbeiten und gar nicht unbedingt mit Ihrer aktuellen Firma?

Es lohnt sich, Augen und ein paar Hintertüren offen zu halten. Selbst wenn Sie sich nicht verändern – der Markt wird es garantiert, und dann ist es gut und beruhigend, etwas in der Hinterhand zu haben.

SHORTLIST Schreiben Sie Ihre Gedanken und Optionen auf. Durch Aufschreiben werden Gedanken greifbarer und verbindlicher. Sie sind gezwungen, diffuse Gedanken in konkrete Worte zu fassen, und das macht vieles klarer. Wenn Sie jeden Tag acht Stunden oder mehr mit einem Job verbringen, der Sie nicht vollends überzeugt, sollten Sie sich zumindest einmal eine Stunde für so eine Liste nehmen.

Wenn Sie jetzt schon genau wissen, was Sie vorhaben: umso besser. Aber vermutlich haben Sie zwei oder mehr Optionen. Das könnte dann zum Beispiel so aussehen:

B) ICH WECHSELE
IN EINE ANDERE FIRMA.

C) ICH MACHE
MICH ALS FREELANCER
SELBSTSTÄNDIG.

) ICH BLEIBE
FESTANGESTELLT,
WO ICH BIN.

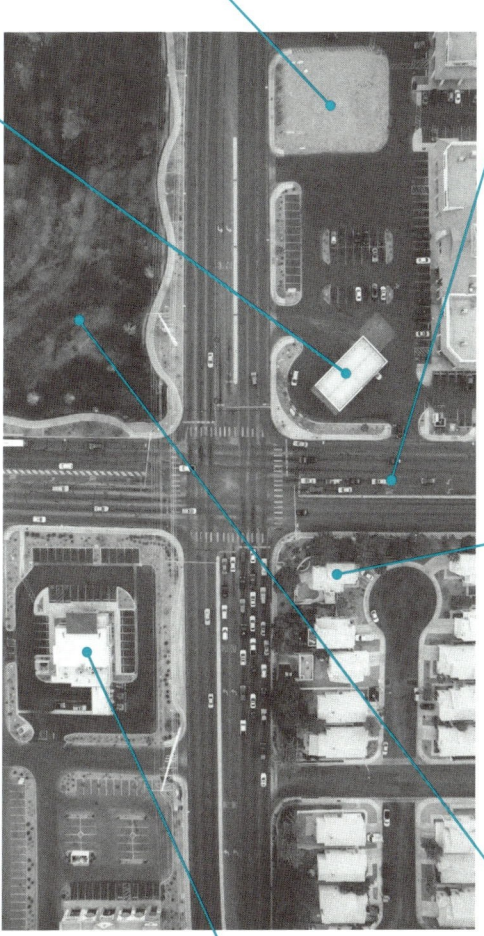

D) ICH GRÜNDE
EINE FAMILIE UND
BLEIBE ZUHAUSE.

E) ICH GRÜNDE
EINE
EIGENE FIRMA.

F) ICH WECHSELE
IN EINEN VÖLLIG
ANDEREN BERUF.

G) ICH MACHE EINE WELTREISE
UND SCHAUE, WAS PASSIERT.

So werden aus nebulösen Konjunktiven ganz konkrete, vergleichbare Optionen. Und Sie bekommen ein Gefühl dafür, auf was es später hinauslaufen wird.

PRO & KONTRA Wenn Sie immer noch unsicher sind, ergänzen Sie jede Option auf Ihrer Shortlist um eine kleine Pro-und-Kontra-Liste. Klingt spießig, funktioniert aber. Sammeln Sie Argumente. Wenn Sie glauben, dass alles einigermaßen Relevante drin ist, können Sie gewichten: Markieren Sie die wichtigsten Punkte. Wenn Sie jeden Tag ein paar Punkte ergänzen, wird sich nach einiger Zeit eine Tendenz abzeichnen. Vor allem nach der Gewichtung. Vielleicht ist ein bestimmter Punkt derart wichtig, dass Sie nur anhand von diesem Ihr Ziel wählen. Eduardo García sagt zur Gründung seines ersten Musikstudios: *»Ich wollte unbedingt mein eigenes Studio. Punkt. Es sprach natürlich auch viel dagegen, aber das war mir damals egal.«*

Und wenn sich im Laufe der Jahre das Ziel ändert? Dann ist das völlig normal. Was Sie dieses Jahr wollen, müssen Sie nicht in ein paar Jahren immer noch wollen. Märkte ändern sich und daran sollten Sie sich anpassen. Wichtig ist, dass Sie *jetzt* ein Ziel haben. Sonst arbeiten Sie vor sich hin und kommen nie wirklich weiter.

**It's better to regret what you have done
than what you haven't.**

PAUL ARDEN

DAS LETZTE ABER Was aber, wenn es nicht klappt? Plötzlich zweifeln Sie doch ein bisschen. Ist jetzt wirklich der richtige Zeitpunkt? Aber was, wenn ... und überhaupt. Kurz vor einer wichtigen Entscheidung wird jeder nervös. Das liegt einfach daran, dass Sie sich detailliert mit einer bestimmten Veränderung beschäftigt haben und jetzt auch die Probleme und Risiken kennen. Leonardo da Vinci sagte, dass die meisten Probleme bei ihrer Lösung entstehen. Und der Literatur-Nobelpreisträger Bertrand Russell hat es so formuliert: »*Das Problem mit dieser Welt ist, dass sich die Dummen ihrer Sache immer absolut sicher sind, während weisere Menschen voller Zweifel sind.*« Wissen lähmt. Manchmal sollten Sie deshalb auch einfach Ihrer kindlichen Naivität mit einem Schuss Fatalismus vertrauen.

Verwirrt von den Möglichkeiten des Lebens, fragte einmal eine Schülergruppe den Alibaba-Gründer Jack Ma, was sie denn nun am schlauesten machen sollten. Seine Antwort war sehr konkret:

»*Bevor Sie 20 sind – seien Sie ein guter Student. Sammeln Sie Erfahrung und Wissen. Zwischen 20 und 30 arbeiten Sie für jemanden. Am besten in einer kleinen Firma mit einem guten Chef. Große Firmen sind vor allem gut in Prozessen. Dort sind Sie ein kleines Rädchen in einer großen Maschine. In einer kleinen Firma lernen Sie zu träumen und leidenschaftlich zu arbeiten. Sie werden zeitweise sehr viel arbeiten und unterschiedlichste Dinge kennenlernen. In dieser Zeit können Sie sich perfekt ausprobieren. Sie scheitern und machen etwas Neues. Sie scheitern erneut und stehen wieder auf. Das ist egal. Genießen Sie es.*

Bevor Sie 40 sind, geht es weniger darum, für welche Firma Sie arbeiten – sondern welchem Chef Sie folgen. Ein guter Chef wird Ihnen alles Wichtige beibringen, und zwar nicht nur bezüglich des Jobs. Auch Sie selbst können dieser Chef sein. In dieser Zeit arbeiten Sie vor allem für sich.

Zwischen 40 und 50 machen Sie nur noch Dinge, in denen Sie gut sind. Sie sollten nicht mehr in einen völlig neuen Bereich wechseln. Natürlich kann auch das klappen, aber das Risiko zu scheitern ist zu hoch. Fokussieren Sie sich: Wie können Sie alles, was Sie gut können, am besten einsetzen?

Zwischen 50 und 60 – arbeiten Sie für junge Leute. Die können die meisten Dinge jetzt besser als Sie. Vertrauen Sie ihnen, investieren Sie in sie, unterstützen Sie sie. Sie sind die Zukunft.

Wenn Sie über 60 sind – nutzen Sie die Zeit für sich selbst. Legen Sie sich an den Strand und lassen es sich gut gehen. Bereuen Sie nichts. Im Leben geht es vor allem um Erfahrung. Bleiben Sie ruhig. Jeder Fehler, den Sie machen, ist und bleibt ein Gewinn für Sie. Ob alles im Rückblick perfekt war? Wer weiß das schon. Ich würde rückblickend betrachtet mehr Zeit mit meiner Familie verbringen, aber die Zeit ist weg. Es macht keinen Sinn, es zu bereuen. Es wird ein wilder Ritt. Genießen Sie die Show.«

Mit dem Bereuen hat Jack Ma zwar zum Teil recht – wenn es zu spät ist, bringt bereuen wirklich nicht viel. Aber Sie können durchaus aus dem lernen, was andere im Leben bereut haben. Im Vorwort erwähnte ich bereits die Palliativpflegerin Bronnie Ware, die Menschen auf dem Sterbebett befragte, was sie in ihrem Leben am meisten bereuen. Die drei häufigsten Nennungen betreffen direkt ihre bewussten Entscheidungen in den Bereichen Kunst, Kommerz und Kinderkriegen:

Platz 1:

ICH WÜNSCHTE, ICH HÄTTE DEN MUT GEHABT, MEIN EIGENES LEBEN ZU LEBEN – und nicht so, wie es andere von mir erwartet haben.

Platz 2:

ICH WÜNSCHTE, ICH HÄTTE NICHT SO VIEL GEARBEITET, sagten fast alle Männer, die sie pflegte. Ironischerweise arbeiteten fast alle so viel, um mehr Geld zum Leben und für die Partnerschaft zu haben – und vergaßen dabei beides, bis es zu spät war.

Platz 3:

ICH WÜNSCHTE, ICH HÄTTE DEN MUT GEHABT, MEINE GEFÜHLE AUSZUDRÜCKEN. Hierbei geht es nicht um akute Launen, sondern um ganze Lebensentwürfe. Ware schreibt, viele Menschen unterdrücken ihre Gefühle, um des lieben Friedens willen. Sie richten sich in einer mittelmäßigen Existenz ein und werden nie zu dem, was sie hätten sein können.

Veränderung und die eigenen Wünsche verfolgen, ist immer der unbequemere Weg. Aber nur zu Anfang. Denn am Ende, und in diesem Fall meine ich ganz am Ende, wartet selbst im schlimmsten Fall mindestens die Einsicht, dass Sie mutig waren und es versucht haben. Und im besten Fall führen Sie ein glückliches und selbstbestimmtes Leben als Kreativer.

**Sie können vorsichtig sein oder kreativ,
aber es gibt keinen vorsichtigen Kreativen.
Ein vorsichtiger Kreativer ist ein Oxymoron.**

GEORGE LOIS

ERWARTUNGEN

EHRGEIZ

EINSTIEG

KAPITEL 4

ERWARTUNGEN, EHRGEIZ
&
EINSTIEG

Nach diesem Kapitel wissen Sie konkret, was auf Sie zukommt.

Hier geht's ans Eingemachte: Wie finden Sie eine gute Firma? Wie starten Sie als Freelancer? Wie schreiben Sie Rechnungen? Wie geht eine Firmengründung? Haben Sie dann noch Urlaub? Wer finanziert den ganzen Spaß? Und wie bekommen Sie Familie oder Partnerschaft unter? Um nur ein paar Punkte zu nennen.

Kleine Anmerkung: Die rechtlichen und buchhalterischen Finessen einer Firmengründung sind nicht gerade ein Feuerwerk der Unterhaltung. Also beschränke ich mich auf die wichtigsten Dinge. (Falls Sie also mit Ihrer Neugründung gleich den Börsengang anstreben, sollten Sie vielleicht doch noch ein zweites Buch zum Thema lesen.)

START IN DIE FESTANSTELLUNG Kein Arbeitssystem macht Ihnen den Einstieg und Aufstieg so einfach. Der Weg nach oben ist hier perfekt ausgeschildert.

Die Bezeichnungen weichen nach Branche und Bereich ein bisschen ab. Im Musikstudio heißt der Kreativdirektor eher Studioleiter oder Tonmeister, bei Fotografen gibt es oft nur den Fotografen und seine Assistenten usw. Dieses Beispiel gilt für große Agenturen. Dort arbeiten einfach die meisten Kreativen.

TRAINE

PRAKTIKANT

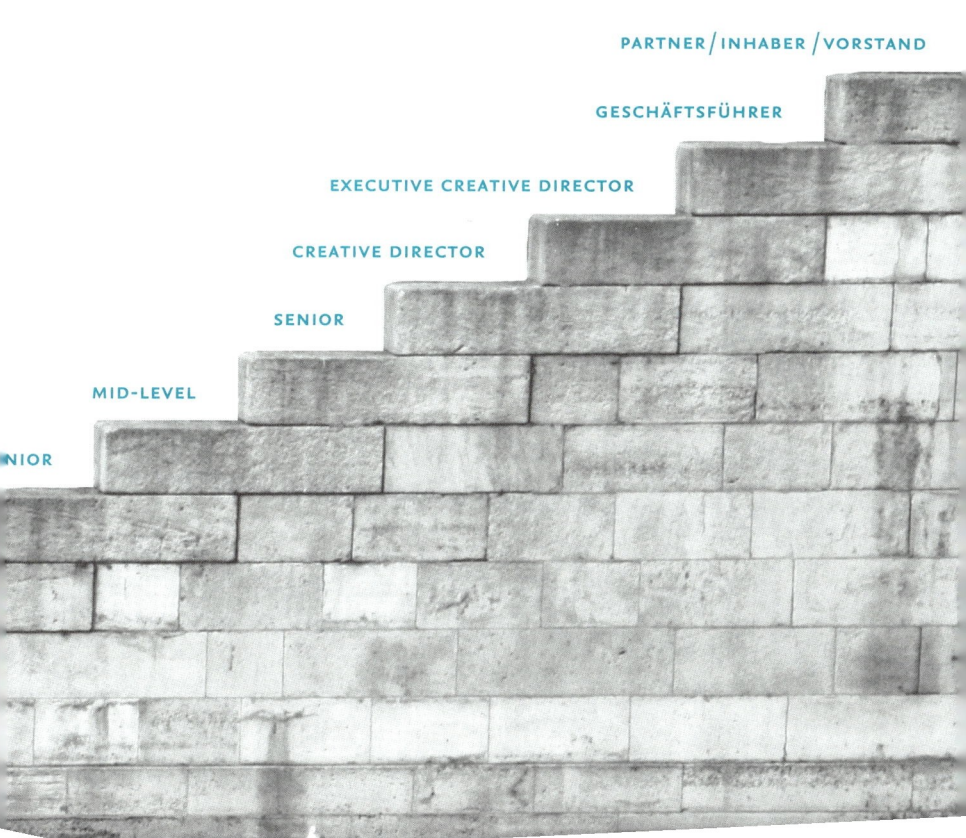

PARTNER / INHABER / VORSTAND

GESCHÄFTSFÜHRER

EXECUTIVE CREATIVE DIRECTOR

CREATIVE DIRECTOR

SENIOR

MID-LEVEL

NIOR

KARRIERESTUFE 1

PRAKTIKANT

MÖGLICHE ZIELE

Orientierung // Handwerkliche Fähigkeiten lernen // Hilfe im Tagesgeschäft werden // Erste Arbeiten fürs Portfolio sammeln // Juniortitel

GEHALT

Sollte vorhanden sein. Kaum der Rede wert. Wichtiger: gute Firma.

DURCHSCHNITTLICHE DAUER

Meist 3 oder 6 Monate pro Praktikum. Häufig auch mehrere.

IHR JOB ALS PRAKTIKANT

Vor allem orientieren Sie sich und entwickeln ein Gefühl dafür, was Ihnen liegt und was nicht. Dabei verbessern Sie Ihre handwerklichen Fähigkeiten und gewöhnen sich daran, sich selbst zu organisieren. Kurz: Sie werden zu einer echten Hilfe im Tagesgeschäft. Der praktische Nebeneffekt einer solchen Hilfe ist, dass Sie erste Arbeiten für Ihr Portfolio bekommen.

Nebenbei entwickeln oder festigen Sie Ihren eigenen Stil. Sie fangen am ersten Tag im Praktikum an, Ihre eigene kreative Marke zu erschaffen und für eine bestimmte Art von Kreation zu stehen. Menschen denken in Schubladen. Wenn Sie erst mal in der Schublade *Prollige Ideen* stecken, haftet Ihnen das an. Schön, wenn das auch Ihr Ziel war. Lästig, wenn nicht.

Fragen Sie sich, für welche Kreation Sie stehen wollen. Haben Sie Ihren Job nach ein paar Monaten grundsätzlich im Griff und können kleinere Aufgaben eigenständig lösen, erreichen Sie Junior-Level.

Leider müssen Sie auf jeder Hierarchiestufe die Anforderungen für die nächste Stufe einige Zeit lang erfüllen, bevor Sie den Titel bekommen. Zum einen muss die höhere Position vakant sein und zum anderen ist eine Beförderung der Lohn für etwas Erreichtes – und kein Ansporn, in Zukunft dem Titel gerecht zu werden. Außerdem sinkt neben der Stimmung auch die kreative Qualität, wenn jemand Verantwortung ohne fachliche Qualifikation erhalten hat.

KARRIERESTUFE 2

JUNIOR / TRAINEE

MÖGLICHE ZIELE

Mehr Geld // Mehr Verantwortung // Arbeiten fürs Portfolio sammeln // Awards gewinnen // Mid-Level/Senior

GEHALT

Das Durchschnittsgehalt in der Kreativbranche liegt in den ersten zwei Jahren in Deutschland zwischen 2.563 Euro (Männer) und 2.371 Euro (Frauen) brutto. (Ja, hier beginnt schon die Trennung der Geschlechter – weibliche Festangestellte verdienen im Schnitt 22 Prozent weniger als ihre männlichen Kollegen; siehe Kapitel *Der kleine Unterschied* ab Seite 220.)

DURCHSCHNITTLICHE DAUER

2 bis 4 Jahre
(riskante Schätzung, siehe Kapitel *Das kranke Hierarchiesystem* ab Seite 111).

IHR JOB ALS JUNIOR / TRAINEE

Kaum haben Sie das Praktikum geschafft und sind endlich Junior, ist Ihr nächstes Karriereziel höchstwahrscheinlich, den Juniortitel schnell wieder loswerden.

Als Junior werden Sie idealerweise wie ein vollwertiges Teammitglied der Kreation behandelt. Mit allen Vorteilen (Verantwortung für Jobs, die gut gelaufen sind) und Nachteilen (Verantwortung für Jobs, die schlecht gelaufen sind).

Außerdem wird Ihnen vielleicht langsam das politische System innerhalb der Firma bewusst. Wer entscheidet Dinge wirklich? Wie stehen die Kollegen und Abteilungen zueinander? Wie und wo fließen die Informationen? Warum passiert dies und jenes?

Jetzt sind Sie mittendrin – und empfangen Flurfunk. Und der ist meist mit Vorsicht zu genießen. Denn im Flurfunk werden Informationen traditionell extremer, je weiter sie von der Quelle entfernt sind. Hat die Geschäftsführung aus Versehen erwähnt, dass grade ein Vertrag neu verhandelt wird (was ständig passiert), wackelt auf der mittleren Hierarchieebene schon der ganze Etat und auf Junior-Ebene sind alle so gut wie gefeuert. Aber Weghören ist auch nicht empfehlenswert, es sei denn, Sie lieben Überraschungen. Besser, Sie bewahren eine neutrale Position und *deuten die Quelle*. Nach einiger Zeit wissen Sie, wer immer übertreibt, wer Intrigen säen möchte und wer wirklich relevante Informationen hat. Aber natürlich gehören nicht nur Politik und Flurfunk zu Ihrem Erfahrungsschatz, sondern vor allem Ihre kreative Arbeit. Denn je besser Sie in Ihrem Job werden, desto mehr und bessere Projekte werden Ihnen zugetraut. Vielleicht bekommen Sie sogar *erste Personalverantwortung* für einen Praktikanten (der hoffentlich eine Hilfe ist). Gegen Ende Ihrer Junior-Zeit betreuen Sie vermutlich schon einen kleinen Etat oder ein Projekt fast eigenverantwortlich, haben gute Arbeiten im Portfolio und haben, falls es Sie in eine Design- oder Werbeagentur verschlagen hat, vielleicht sogar ein paar Awards gewonnen.

MID-LEVEL / SENIOR

MÖGLICHE ZIELE

Mehr Geld // Mehr Zeit // Mehr Verantwortung // Arbeiten fürs Portfolio sammeln // Awards gewinnen // Kreativdirektor werden

GEHALT

Das Durchschnittsgehalt in der Kreativbranche liegt bei 6 bis 9 Jahren Berufserfahrung in Deutschland zwischen 4.375 Euro (Männer) und 3.740 Euro (Frauen) brutto. Aber die Bandbreite wird ab diesem Level größer. Mancher Senior verdient unter 3.000 Euro, andere mit mehr Verhandlungsgeschick oder in erfolgreicheren Firmen über 5.000 Euro.

DAUER

3 bis X Jahre. Für eine Beförderung zum Kreativdirektor ist auch immer etwas Glück im Spiel, denn es gibt nur wenige Stellen und entsprechend selten ist eine Position vakant. Sie können auch Senior bleiben und als solcher in Rente gehen. Oder Freelancer werden (siehe Kapitel *Das kranke Hierarchiesystem* ab Seite 111).

IHR JOB ALS MID-LEVEL-KREATIVER / SENIOR

Nach ca. 4 bis 8 Jahren Berufserfahrung haben Sie Ihren Job im Griff. Sie brechen nicht mehr in Panik aus, wenn ein kompliziertes Projekt nebst engem Zeitplan vor Ihnen liegt. Sie können Junioren beruhigen und ihnen erklären, wie sie ihren Job am besten machen. Sie können sich auf Ihr Talent und vor allem Ihr gelerntes Handwerk verlassen. Und Sie haben hoffentlich ein beeindruckendes Portfolio.

Glückwunsch! Damit lässt sich doch arbeiten. Die Frage ist nur: wo und wie? Denn der nächste Karriereschritt ist der zum Kreativdirektor oder Technischen Leiter. Das ist eine Management-Position (siehe nächstes Kapitel). Wenn Sie weiter in Ihrem kreativen Job arbeiten möchten, müssen Sie sich entscheiden, sobald sich die Chance zum Kreativdirektor bietet. Keiner zwingt Sie zur Beförderung. Außerdem sind Sie als Senior in der komfortablen Situation, aufs Freelancen umsteigen zu können. Dort arbeiten Sie in ihrem *alten* Job weiter – und werden dafür besser bezahlt.

Aber auch die Position als Senior in einer Firma hat Vorteile. Sie arbeiten in einem festen Team und betreuen feste Auftraggeber, für die Sie mit der Zeit ein gutes Gespür entwickeln. Wenn Sie in dieser Position glücklich sind, können Sie über die Jahre auch andere Annehmlichkeiten aushandeln, wie zum Beispiel mehr Urlaubstage, eine 4-Tage-Woche, eigene Projekte etc. Nur für große Sprünge beim Gehalt müssten Sie vermutlich das Land verlassen oder frei arbeiten. Denn in Deutschland bekommen auch sensationelle Senioren nur selten über 4.000–5.000 Euro brutto im Monat. Vor allem, wenn sie keine Managementaufgaben übernehmen wollen. Wenn doch, bitte hier entlang …

KARRIERESTUFE **4**

KREATIVDIREKTOR / TECHNISCHER LEITER

MÖGLICHE ZIELE

Mehr Verantwortung // Mehr Geld // Mehr Zeit // Geschäftsführer werden

GEHALT

Je nach Firmengröße, Budget- und Teamverantwortung schwanken die Gehälter in dieser Position extrem. Zwischen unter 4.000 Euro und über 10.000 Euro brutto im Monat ist alles möglich.

DAUER

Sie können als Kreativdirektor in Rente gehen, wenn Sie mögen. Vermutlich werden Sie aber in die Geschäftsführung berufen, wenn Sie sich nicht vorher selbstständig gemacht haben.

IHR JOB ALS KREATIVDIREKTOR / TECHNISCHER LEITER

Der nächste Karriereschritt ist der zum Kreativdirektor. Die Betonung liegt auf Direktor und weniger auf Kreativ. Andere Branchen nennen diese Position *Abteilungsleiter* – das ist treffender. Denn Sie werden mehr führen und weniger selbst kreieren. Ihre Arbeit besteht ab sofort aus Organisation, Präsentationen, Personalführung, Abstimmungen und Kapazitätenplanung. Überrascht werden Sie feststellen, dass Sie von nun an einen komplett anderen Job haben.

Sie werden ganze Tage in *Management Round Tables*, *Change-Prozessen* und *Workshops* verbringen, Urlaubspläne unterschreiben, Junioren in Jahresgesprächen wilde Gehaltsforderungen ausreden, Streitereien im Team schlichten und mit dem Controlling darüber diskutieren, wann ein Gerät *alt* ist oder eben *noch geht*. Wenn Sie ein großes Team führen, sinkt Ihre eigene Kreativzeit gen null. Zum einen, weil Sie ständig etwas anderes machen müssen, und zum anderen, weil es ein Team frustrieren kann, wenn der Chef (also Sie) vor allem seine eigenen Ideen weiterverfolgt.

Ich betone absichtlich die eher nervigen Seiten des Kreativdirektor-Daseins, da man meist nur an die positiven denkt. Ich selbst war übrigens gerne Kreativdirektor. Und ich war Fan meines eigenen Teams. Unsichere Junioren wurden zu (zurecht) selbstbewussten Senioren und hin und wieder jubelte man sich auf Awardbühnen zu. Das hat unglaublich viel Spaß gemacht. Als Kreativdirektor eines großen und gut geführten Teams haben Sie eine sensationelle Arbeitsgeschwindigkeit, denn Sie bringen zig Projekte parallel weiter.

Aber manchmal fällt es einem dann doch auf: es ist nicht wirklich *Ihr* Team. Genauso wenig, wie es *Ihre* Firma ist. Sie sind Angestellter und haben einen oder mehrere Chefs, die Ihnen sagen, was Sie zu tun haben, welche Jobs Sie bekommen und welche Umstrukturierungen auf Sie zukommen. Wie oft und mit welcher Härte Sie diesen Moment erleben, hängt von Ihren Geschäftsführern ab. Gute Chefs werden Ihnen ausreichend kreative Freiheit lassen, Sie rechtzeitig über Neues informieren und Ihnen erklären, warum etwas gemacht wird.

Wenn Sie aber Entscheidungen wiederholt nicht nachvollziehen können und sich zunehmend übergangen oder ausgenutzt fühlen, wird es Zeit, eigene Wege zu gehen. Die Chancen dafür sind jetzt ideal. Ähnlich wie beim Senior, nur mit noch mehr Erfahrung, einem noch größeren Netzwerk, vielleicht sogar eigenen Kundenkontakten, haben Sie alles, was Sie für eine erfolgreiche Selbstständigkeit brauchen. Nicht nur freelancen – auch die Gründung einer eigenen Firma ist jetzt realistisch.

Wenn Sie sich im Management wohlfühlen und Sie bei Politik und großen Budgets keine feuchten Hände bekommen, ist Ihr nächster logischer Schritt der in die Geschäftsführung.

GESCHÄFTSFÜHRER

MÖGLICHE ZIELE

Mehr Geld // Mehr Ruhm (für die Firma) // Mehr Macht // Firmenübernahme

GEHALT

Ist, je nach Firma, beträchtlich. Aber spannender als das reine Gehalt sind mögliche Anteile an der Firma oder vertraglich vereinbarte Bonuszahlungen, die Ihr Gehalt um das Vielfache übersteigen können.

DAUER

Erfolgreiche Geschäftsführer machen diesen Job häufig bis zur Rente, die sie dann sehr auskömmlich gestalten können. Auch eine Firmenübernahme oder eine eigene Gründung sind realistisch. Weniger erfolgreiche Kandidaten wechseln in dieser Position häufig durch diverse Firmen oder werden leidlich gebuchte Unternehmensberater.

IHR JOB ALS GESCHÄFTSFÜHRER

Glückwunsch. Sie haben die höchste Stufe erklommen, die Sie als Festangestellter erreichen können. In den allermeisten Fällen sind Sie als Geschäftsführer nicht mehr *nur* angestellt, sondern besitzen (zumindest ein paar) Anteile am Unternehmen. Wie viel Verantwortung Sie konkret haben, hängt von Unternehmensgröße, anderen Geschäftsführern (falls vorhanden) und Inhaber/Vorstand ab. Wenn Sie es bis hier geschafft haben, muss Ihnen das niemand mehr erklären ...

Was Sie als frischgebackener Geschäftsführer vermutlich unterschätzen, ist die dünne Luft dort oben. Die atmen nämlich vor allem Ihre Auftraggeber und politischen (Gegen-)Spieler in dieser Ebene weg. Und Ihre (ehemaligen) Kollegen, wenn Sie nicht von außerhalb zum Geschäftsführer berufen wurden, sondern intern. Vermutlich haben Sie schon als Kreativdirektor gemerkt, dass Sie von Ihrem Team seltener (bzw. nie) gefragt wurden, ob Sie zur Mittagspause mitkommen. Als Geschäftsführer sind Sie endgültig *einer von denen da oben.* Sie brauchen ein dickes Fell, denn schließlich ist das soziale Umfeld und der Kollegenzusammenhalt einer der wichtigsten Werte aller Angestellten – und Sie waren schließlich auch mal einer von *denen.* Es gibt fast immer jemanden, der Ihnen die neue Position nicht gönnt (bzw. selbst Chef sein wollte). Der wird Ihnen das Leben schwer machen und Sie müssen sich für eine Strategie entscheiden, ob Sie schwierige Situationen mit Härte lösen wollen, mit offener Aussprache oder mit Aussitzen.

Der unschlagbare Vorteil dieser Position ist die Gestaltungsfreiheit. Nirgendwo in Festanstellung sind Sie der Selbstverwirklichung so nah wie hier. Sie sind gefühlt fast selbstständig, aber ohne die stressige Gründungsphase und mit viel weniger persönlichem Risiko. Sie kommen in ein bestehendes, funktionierendes System (das Sie eventuell schon gut kennen) und können es nach Ihren Wünschen gestalten und lenken.

Diese Freiheit können Sie nutzen, um für sich persönlich zwischen Kunst, Kommerz und Kinderkriegen zu gewichten. Denn was Sie neben Ihrem Tagesgeschäft, Kapazitätsplanung, Kundenpräsentationen und Change-Prozessen vielleicht vergessen haben: Die wichtigste Ressource sind Sie selbst.

DAS KRANKE HIERARCHIESYSTEM Dieses bestechend logische und einfache Hierarchiesystem ist nicht ohne Gefahren. Daher als Zwischenruf eine kurze Systemkritik.

In der Schule lernen wir bis zu 13 Jahre lang eine einfache Gesetzmäßigkeit:

§1 *Wenn du gut bist, kommst du in die nächste Klasse.*

§2 *Wenn du nicht gut bist, bleibst du sitzen.*

Und der folgen wir automatisch auch nach der Schulzeit noch jahrzehntelang:

§1 *Wenn Sie gut sind, werden Sie befördert.*

§2 *Wenn Sie nicht gut sind, bleiben Sie auf Ihrer Stufe.*

Die spannende Frage hierbei lautet, wie so oft: *Warum?* Warum sind uns Beförderungen so wichtig? Warum muss es immer die nächste Stufe sein? Gibt es einen Zwang? Denn häufig folgen wir diesem Hierarchiesystem bis zur Rente – um dann in ein Loch der Bedeutungslosigkeit zu fallen, da unser Leben von einem Tag auf den anderen seinen Sinn verliert. Wir stecken so tief in diesem System – und sind darin so sehr beschäftigt –, dass wir gar nicht auf die Idee kommen, es zu verlassen. Oder auch einfach nur stehenzubleiben.

Dieses Hierarchiesystem ist aus mehreren Gründen krank: Motivierte Angestellte schielen jahrelang nur auf die jeweils höhere Position und werden kreuzunglücklich, wenn sie diese nicht in ihrem erdachten Zeitplan erreichen. Dabei übersehen sie, wie gut ihre aktuelle Position tatsächlich ist. Ein bewährter Weg zu einem glücklichen Leben nennt sich Achtsamkeit und innere Ruhe. Dabei geht es darum, sich auf die aktuelle Situation zu konzentrieren, sie wertzuschätzen und im Kopf nicht schon immer zwei Schritte weiter zu sein. Doch in unserem Karrieresystem ruht keiner.

Auf der anderen Seite müssen Sie sich als Arbeitgeber in Jahresgesprächen hanebüchene Gründe einfallen lassen, talentierte Leute *nicht* zu befördern, weil Sie insgeheim wissen, dass diese genau in der aktuellen Position den besten Job machen. Für eine Führungsposition sind schließlich völlig andere Fähigkeiten gefordert. – Und nicht jeder kann Chef sein! Genau das ist das dramatischste Problem des Hierarchiesystems. Denn sehr oft gibt es eben doch diese *Pflichtbeförderungen.* Macht ein Kreativer auf seiner Position lange genug alles richtig, wird er befördert. Das sorgt dafür, dass ständig Kreative in Führungspositionen kommen, die dort weder glücklich sind noch Talent für diese völlig anderen Jobanforderungen haben. Nicht jeder gute Kreative ist auch ein guter Chef. Und schlechte Chefs sind der Hauptgrund für Frust am Arbeitsplatz. *Wenn Demotivierte kündigen, dann wegen ihrer Chefs* – ist das Fazit der größten Studie zur Mitarbeiterzufriedenheit in Deutschland. Besonders die Gruppe der völlig Frustrierten, die *innerlich gekündigt* hatten, beklagte sich fast ausnahmslos über die schlechte Führung.

In England ist das System intelligenter. Till Diestel arbeitet bei adam&eveDDB in London und sagt: »*Nur weil in England jemand den Ehrgeiz besitzt, mehr Geld verdienen zu wollen, muss er nicht gleich Kreativdirektor werden. Ein brillanter Texter, Designer, Artdirektor, Konzeptioner kann hier genauso viel verdienen wie ein Kreativdirektor – oder auch mehr. Wir haben Texter, die das Dreifache verdienen. Einfach, weil sie es wert sind, aber die Aufgaben von einem Kreativdirektor gar nicht übernehmen wollen. Hier macht jeder, was er am besten kann.*«

Ein beliebter und gesellschaftlich akzeptierter Weg aus dieser Karrierefalle ist die Arbeit als Freelancer. Viele ehemalige Kreativdirektoren arbeiten glücklich weiter als Texter, Designer etc. – für ein Einkommen, das sie in dieser Position in Festanstellung fast nie bekommen würden. Es gibt aber auch Ausnahmen. Fabian Frese von Kolle Rebbe erzählte mir von einem Kreativen, den sie zum Kreativdirektor befördert hatten und zum Kreations-Chef machen wollten. Er nannte das den klassischen Reflex: *Der ist gut, also wird der befördert.* Allerdings wollte der Kreative gar nicht: »*Ihr könnt mich jagen damit. Ich fand Kreativdirektor schon schlimm und Kreations-Chef finde ich noch schlimmer. Kann ich nicht einfach normaler Kreativer sein, der geiles Zeug macht?*« Das hatte die Geschäftsführung vorher noch nie gehört. Plötzlich stand da einer, der einfach nur seinen Spaß bei der Arbeit haben wollte. Natürlich war das möglich. Unternehmer sollten sich genau überlegen, wem sie eine Führungsaufgabe anvertrauen, und denjenigen dann auch *entsprechend schulen!*

Das gilt auch für Sie als Angestellten: Wollen Sie den nächsten Karriereschritt wirklich oder nur, weil *man das so macht?* Wenn Sie sich dafür entscheiden, sollten Sie sich entsprechend weiterbilden. Und zwar gar nicht nur für Sie selbst, sondern vor allem für die, die Sie führen. Unter mangelnden Führungsqualitäten leiden alle. »*Aus großer Macht folgt große Verantwortung*«, sagte schon Spiderman – und der muss es schließlich wissen.

Übrigens spüren Sie Probleme und (unsichtbare) Regeln des Systems häufig erst, wenn Sie nicht mehr so perfekt hineinpassen. Wenn Sie also irgendetwas außer Festanstellung in Vollzeit brauchen oder wollen. Der häufigste Fall sind berufstätige Eltern (immer noch vor allem die Mütter). Halbtagsstellen werden fast nie eingeplant, sondern geschaffen, weil die Firma gesetzlich dazu verpflichtet ist – und das bekommen Sie zu spüren: Eine Frau, die vorher als brillante Kreative angesehen wurde, ist plötzlich vor allem eins: Mutter. Viele in der Firma denken sich <u>Sie hat sich eben für Kinder entschieden = Sie ist raus und arbeitet halt als Ablenkung vom Kind.</u> Eine befreundete Mutter erzählte mir: »*Ich kam nach dem Mutterschutz zurück in die (große und bekannte) Agentur und war gefühlt noch unter den Junioren. Ich war aus allen Projekten raus und bekam nur dümmste Hilfstätigkeiten. Für die Praktikanten war ich nur die Mama – dabei hatte ich die drei Etats gewonnen, auf denen die alle arbeiteten.*« Mittlerweile ist sie Freelancer, weil sie dabei ihr Mutterdasein einfach unerwähnt lassen und ihren Job machen kann.

Nicht nur in diesem Fall lohnt es sich, hin und wieder zu kontrollieren, ob Sie außerhalb des Karrieresystems nicht glücklicher wären.

**Es geht nicht darum,
in welche Firma Sie gehen.
Es geht darum,
welchem Chef Sie folgen!**

WIE FINDEN SIE EINE GUTE FIRMA?

Die sicherste und bewährteste Informationsquelle, um zu erfahren, ob eine Firma wirklich gut ist: <u>Reden Sie mit jemandem, der dort arbeitet.</u> Laden Sie ihn zum Mittagessen oder Biertrinken ein. Nach der ersten halben Stunde Smalltalk wird es spannend. Besonders größere Firmen sind nie pauschal gut oder schlecht, sondern unterscheiden sich stark zwischen den Abteilungen und Chefs. Sollten Sie später dort arbeiten, erspart Ihnen ein kleiner Tipp oft die Mühe eines internen Wechsels. Fast alle anderen Quellen sind mit Vorsicht zu genießen. Aber der Reihe nach: Im Netz präsentiert sich keine Firma besonders selbstkritisch. Jedenfalls habe ich nach Klick auf *Über uns* noch nie gelesen: *Wir machen zwar gute Kreation, aber unsere interne Kommunikation ist großer Murks und die Chefs sind Kotzbrocken.* Stattdessen sind die Positionierungstexte dort eher nichtssagend, da offiziell jeder alles kann. Digital-, PR- oder Designagenturen *können* fast immer auch klassische Disziplinen wie Markenstrategie, Print und TV (die in Wahrheit externe Dienstleister oder Freelancer übernehmen) – und Klassikagenturen *können* auch elaborierteste Digitaltechnik, Design und PR (dito). Dieses Komplettangebot ist für Auftraggeber tatsächlich ziemlich praktisch, da alles aus einer Hand kommt. Aber für Sie als Angestellten ist das oft irreführend, wenn Sie beispielsweise digitale Produktionsexpertise in einer Klassikagentur suchen. Schlimmstenfalls telefonieren Sie dort nur mit einer Digitalagentur – die wirklich die Arbeit macht.

Die Fachpresse ist ebenfalls keine große Hilfe, da Pressemitteilungen fast nur bei Erfolgen herausgegeben werden (außer prominente Angestellte haben gekündigt). Headhunter bekommen oft von Firma A mehr Provision als von Firma B, was ihre Empfehlungen nicht sonderlich unabhängig macht. Und im Bewerbungsgespräch hören Sie vom Personalchef meist nur hundertfach geübte Lobeshymnen. Hier ist überall gesunde Skepsis angebracht.

Dagegen hilft ein Blick auf Arbeitgeber-Bewertungsplattformen wie zum Beispiel *Kununu.com* oder *Glassdoor.de.* Aber so anonym wie die Mitarbeiter können dort auch die Inhaber ihre Meinung abgeben. Bei vielen Bewertungen erkennen Sie dennoch eine Tendenz und die neuralgischen Punkte (wie beispielsweise ständig ausufernde Arbeitszeit oder ein unfreundlicher Umgangston).

Neben der Frage *Wie* Sie eine gute Firma finden, ist eine andere spannende Frage das *Wo*. Vermutlich haben sich auch Ihre kreativen Idole aus der Provinz in Weltstädte wie London, Paris oder New York hochgearbeitet oder dort zumindest einige Jahre verbracht. Dieser Zug in die Großstadt ist kein Trend, wie man häufig glaubt, sondern hat für Kreative auch vor hundert Jahren schon gut funktioniert (hier wären beispielsweise Picasso und van Gogh zu nennen, die es unter anderem nach Paris zog). Irgendwas scheint an Großstädten also dran zu sein. Aber sind sie wirklich besser?

Dummerweise können Sie Ihre Heimatstadt nicht wirklich objektiv bewerten, denn es ist nun mal Ihre Heimatstadt. Für einen neutraleren Blick recherchieren Sie, woher die Kreation kommt, die Sie beeindruckt. Oder ob Sie dort Partner finden, die Ihren kreativen Anspruch teilen. Finden Sie nichts davon in Ihrer Heimatstadt, liegt die Vermutung nahe, dass diese Stadt kein besonders dankbares Umfeld für die Kreation ist, die Sie machen möchten. Und herausragende Kreation braucht ein begünstigendes Umfeld. Einer meiner ersten Kreativdirektoren sagte: »*Gute Kreation kann man überall machen.*« Rückblickend betrachtet war das eine Lüge. Denn ohne ein Umfeld mit hervorragenden Produktionen, Talenten und Mentoren entsteht nur schwer hervorragende Kreation. Ein mittelmäßig begabter Berater oder Producer wird auch aus einer brillanten Idee immer nur etwas Mittelmäßiges rausholen. Trotzdem müssen Sie auch das beste Umfeld zu nutzen wissen. Oder wie der britische Dichter Lord Byron sagte: »*Ein Esel wird auch in Paris kein Pferd*« (er selbst lebte übrigens die meiste Zeit in London und bereiste unter anderem drei Jahre lang den Mittelmeerraum, was 1809 ziemlich beeindruckend war).

Nun ist Top-Kreation nicht alles im Leben. Wenn Sie an das Dreieck *Kunst, Kommerz und Kinderkriegen* denken, liegt der Schwerpunkt einer Weltstadt klar bei Kunst/Kreation. Das sieht bei Kommerz und Kinderkriegen ganz anders aus. Hier spielt die Provinz ihre Vorteile aus: denn Sie verdienen vermutlich mehr Geld und haben höchstwahrscheinlich mehr Ruhe. (Ganz besonders übrigens, wenn Sie aus einer Großstadt zurückziehen.) Die Gehälter sind abseits der Metropolen häufig 20–30 Prozent höher.

Aber gerade zu Anfang Ihrer Karriere gilt: <u>Arbeiten Sie erst für Ihr Portfolio und erst dann für Ihr Konto</u>. Und dafür gehen Sie am besten dahin, wo großartige Kreation entsteht. Wagen Sie den Sprung in eine größere Stadt – denn was wäre schon das Schlimmste, was passieren kann? Sie gehen wieder dahin zurück, wo Sie ohnehin schon sind.

EINSTIEGSGEHALT In den ersten Jahren ist das Gehalt in der Kreativbranche eher bescheiden. Freundlich ausgedrückt. Allerdings sind auch nur wenige total unzufrieden damit. Laut einer Umfrage (Skjlls 2015) lag die Zufriedenheit mit dem Gehalt in fast allen kreativen Bereichen knapp unter dem Mittelwert. Gut ist das nicht, aber eben auch nicht so schlimm, wie man häufig glaubt. Ernüchternd wird es eher in Relation zu anderen Branchen. Bei Ingenieuren reichen die Einstiegsgehälter von 35.000 Euro (Bachelor) bis 55.000 Euro (Doktortitel) im Jahr. Designer mit weniger als vier Jahren Berufserfahrung bekommen nur 18.000 Euro bis 30.000 Euro. Ohne Digitalkompetenz sieht es generell erheblich düsterer aus, dafür haben Sie mit einem fundierten Digital-Fachwissen, in fast jedem kreativen Bereich, eine Lizenz zum Gelddrucken.

Sie können in den ersten Jahren machen, was Sie wollen – solange Sie Ihr Handwerk nicht perfekt beherrschen bzw. eigenständig Werte produzieren, Awards gewinnen oder etwas können, was andere nicht können (Technologie-Skills), fehlen Ihnen einfach die Argumente für große Gehaltssprünge. Aber Sie können als Kreativer verhältnismäßig schnell Karriere machen. Innerhalb von zehn bis vierzehn Jahren verdoppelt jeder festangestellte Kreative im Schnitt sein Gehalt (von 2.467 Euro auf 4.964 Euro brutto laut Skjlls 2015). Zum Vergleich: Gut gebuchte Freelancer verdienen bis zu 10.720 Euro brutto im Monat (beim durchschnittlichen Tagessatz von 536 Euro netto und 20 Arbeitstagen im Monat). Egal ob fest oder frei – wenn Sie über die Jahre ein gutes Portfolio zusammenstellen und mit neuen Technologien souverän umgehen, werden Sie als Kreativer vermutlich in wenigen Jahren viel Geld verdienen.

Und der Clou im Vergleich zu fast allen anderen Branchen ist: das ist unabhängig von Zeugnisnoten oder akademischen Titeln möglich. In der Industrie kommen Sie oft ohne Master oder Doktortitel in keine Führungs- oder Vorstandsposition. Bei Kreativen wirkt ein etwas chaotischer Lebenslauf manchmal sogar förderlich. Nach dem Motto: So unterschiedliche Erfahrungen führen schon fast zwangsläufig zu kreativen Ergebnissen.

Was Sie aber trotz Anfängerstatus nicht vergessen sollten, ist, dass Sie auch Rechte und Freiheiten haben. Und zwar besonders vor (!) der Vertragsunterschrift. Sie sollten sich nicht wie die Axt im Wald aufführen und bei der dritten unbezahlten Überstunde den Anwalt einschalten, aber unter dem Existenzminimum muss auch keiner leben.

Grade zu Anfang sollten zwei wichtige und relevante Faktoren über dem Gehalt stehen: *Arbeiten fürs Portfolio* und *Handwerkliche Erfahrung*. Sehr gute Kreativfirmen zahlen oft eher mäßig – weil sie es sich leisten können. Sie wissen, ihr Nachwuchs profitiert nicht nur vom Firmennamen im

Lebenslauf, sondern auch von den Arbeiten im Portfolio. Also falls Sie sich fragen *Soll ich den Job machen, in dem ich schönere Arbeiten mache, oder den, in dem ich mehr verdiene? –* wählen Sie auf jeden Fall die schöneren Arbeiten, wenn Sie sich als Kreativer weiterentwickeln wollen. Sie brauchen erst beeindruckende Arbeiten, bevor Sie ein beeindruckendes Gehalt bekommen. Es lohnt sich für Kreative fast immer. Später können Sie für ein deutlich höheres Gehalt die Firma wechseln oder sich selbstständig zu machen.

**Wer immer nur macht,
was er schon kann,
bleibt immer nur das,
was er schon ist.**

HENRY FORD

WEITERBILDUNG Stellen Sie sich vor, der Finanzchef einer Firma fragt den Inhaber: *Was passiert, wenn wir in unsere Leute investieren und sie uns dann verlassen? –* und der kontert: *Und was passiert, wenn wir es nicht machen und sie bleiben?* Diese kleine Szene von Personalcoach Peter Bæklund erklärt perfekt den Zwiespalt aller Arbeitgeber zum Thema Weiterbildungen. Die Preise sind nämlich meist so hoch wie die Fluktuation im Unternehmen. Trotzdem kann es sich keine kreative Firma leisten (auch technologisch) ins Hintertreffen zu geraten.

Es gibt Firmen, in denen bleibt die Frage des Finanzchefs unbeantwortet im Raum stehen. Als Angestellter betteln Sie dann in Jahresgesprächen um Weiterbildungen, die dann bestenfalls intern zum Schnäppchenpreis stattfinden. Nichts gegen interne Schulungen, aber wenn sie die einzige Maßnahme bleiben, kocht die ganze Firma bald im eigenen Saft. Besonders kritisch empfand ich immer interne Coachings der Personalabteilung. Dort verhält sich einfach jeder anders als im Alltag – und es fühlt sich auch an wie ein interner Test. Für den Arbeitgeber (und besonders für die Personalabteilung) nicht unpraktisch, aber mit Weiterbildung hat das wenig zu tun.

Glücklicherweise verstehen gute Firmen den Wert von Weiterbildungen und erstellen Personalentwicklungspläne. Anhand derer wird mindestens einmal im Jahr definiert, an welchen Fortbildungen, Workshops oder Messen Sie teilnehmen dürfen oder sollen. Natürlich werden parallel auch Ziele definiert, die damit zusammenhängen. Der Arbeitgeber möchte schließlich auch einen Gegenwert bekommen. Werden Digital-Fortbildungen oder Kongressbesuche (wie zum Beispiel sxsw, Resonate, OFFF, re:publica, TED etc.) ermöglicht, sollte dieses Wissen auch in digitalen Projekten angewendet oder intern weitergegeben werden, sonst hat die Firma nichts davon.

Wichtig: Weiterbildung ist *Ihr* Job – Ihr Arbeitgeber unterstützt Sie höchstens dabei! Fragen Sie aktiv nach Weiterbildung! Kein Chef drängt Ihnen eine mehrere tausend Euro teure Fortbildung auf, wenn er nicht weiß, ob Sie die überhaupt wollen oder nutzen können. Idealerweise schlagen Sie selbst konkrete Möglichkeiten vor. Im oben genannten Fall könnten Sie zum Beispiel alle fünf Events vorschlagen. Alle behandeln im weitesten Sinne das Thema *Digital*, aber die Kosten sind völlig unterschiedlich. So ist zum Beispiel die sxsw in Texas deutlich aufwendiger und teurer als die re:publica oder TED in Berlin bzw. Hamburg. (Die Resonate in Belgrad und die OFFF in Barcelona liegen im Mittelfeld.) Natürlich unterscheiden sich solche Kreativfestivals auch in Qualität und Größe. Weltweite Festivals wie SXSW und OFFF haben zum Beispiel mehrere zehntausend Besucher und zahlreiche weltberühmte Sprecher, während nationale Events (noch) im einstelligen Tausenderbereich liegen und eher mit tendenziell unbekannten, dafür aber oft sorgfältig ausgesuchten Sprechern locken.

Wenn Sie Ihren Chef so gut vorbereitet fragen, sieht er nicht nur, dass Ihnen das Thema wirklich wichtig ist und Sie sich bereits damit beschäftigt haben – er hat auch sofort eine Entscheidungsgrundlage (Kosten) auf dem Tisch und kann im Idealfall sofort etwas freigeben.

Christoph Mäschig von Nerdindustries ergänzt: »*Grundsätzlich ist die beste Weiterbildung einfach machen. Ohne unsere Erfahrung aus der Festanstellung wären wir heute nicht da, wo wir sind.*«

Und bevor gar nichts passiert, investieren Sie einfach in sich selbst und zahlen für eine Fortbildung. Dafür gibt es sogar zusätzlichen Bildungsurlaub. Und während Ihr Arbeitgeber zweifeln könnte, ob er den Return on Investment bekommt, bleiben Sie sich schließlich ein Leben lang treu.

VERTRAG Der Schritt, der Sie zum Festangestellten macht, ist das Unterschreiben Ihres Arbeitsvertrags. Darin werden unter anderem Ihre Position, Ihre Arbeitszeit und Ihr Gehalt definiert – und späteres Nachverhandeln ist schwierig.

Wenn Sie mit Ihrem Gehalt unzufrieden sind, unterschreiben Sie nicht. Sich erst nach der Unterschrift darüber aufzuregen, ist relativ dämlich (dazu mehr im nächsten Kapitel). Das ist das Problem und gleichzeitig der Vorteil am freien Markt: Sie sind das wert, was Sie ausgehandelt haben.

Erfahrene Kreative könnten auch einen kritischen Blick auf die Kündigungsfrist werfen. Die liegt bei Kreativdirektor-Level nämlich häufig bei sechs Monaten oder sogar länger – was eine recht unangenehme oder auch langweilige Zeit sein kann, sofern eine Freistellung nicht klappt. Die Firmen brauchen oft diese lange Zeit, um einen adäquaten Ersatz zu finden. Sie könnten natürlich bei der Nachfolgersuche mithelfen – oder einfach eine kürzere Kündigungsfrist aushandeln, die dann aber im Ernstfall eben auch gegen Sie gilt.

Die Arbeitszeit wird in der Kreativbranche häufig mit der Formulierung *und länger, wenn nötig* bis ins Unendliche gedehnt, wenn Sie bei schlecht organisierten oder entscheidungsschwachen Vorgesetzten gelandet sind. Allerdings gibt es auch in diesem Fall eine einfache Lösung – die aber scheinbar ständig ignoriert wird:

SYSTEM AUSBEUTUNG VS. SYSTEM DÄMLICHKEIT
Viele kritisieren an der Festanstellung, dass verantwortungslose Arbeitgeber ihre Macht ausnutzen. Vom *System Ausbeutung* ist die Rede, in dem gerade Berufseinsteiger wie in einer *modernen Sklaverei* gezwungen werden, nahe des Existenzminimums Tag und Nacht zu schuften. Kaum ein Monat vergeht ohne wütenden Beitrag eines frustrierten Berufseinsteigers in Unicum, Uni-SPIEGEL oder einem Blog. Der Inhalt ist fast immer derselbe: das Gehalt sei zu gering, die Arbeitsbelastung zu hoch und noch dazu ohne echten Nutzen oder tiefere Bedeutung. Und ich bin mir sicher: Jede einzelne Kritik ist gerechtfertigt. Es gibt unzählige Firmen, deren Ziel ausschließlich Gewinnmaximierung lautet. Oder zumindest steht das Ziel höherer Erträge über dem Ziel, die persönlichen Wünsche jedes Mitarbeiters zu erfüllen. Arbeitnehmer werden möglichst güns-

tig eingekauft und möglichst teuer verkauft. So verdient man Geld. Das kann man einer Firma schlecht vorwerfen. Denn ohne Geld gibt es überhaupt keine Angestellten. Und keine Firma.

Nach allem, was ich aus der Kreativbranche weiß und erlebt habe, existiert das *System Ausbeutung* nicht. Was es dagegen sehr wohl gibt, ist ein *System Dämlichkeit*. Denn niemand wird gezwungen, in einer miesen Firma oder unter einem lausigen Vorgesetzten zu arbeiten. Reden Sie mit Ihrem Chef. Oder seinem Chef. Keine Firma will unzufriedene Mitarbeiter. Und häufig kommt die Freude am Job schon mit einer kleinen Änderung, wie einem anderen Projekt oder Team, zurück. Nur manchmal gibt es einfach keinen Spielraum etwas zu ändern.

Aber selbst dann gilt: Wenn Sie in Ihrer Festanstellung dauerhaft unzufrieden sind, gehen Sie! Sie haben keine Verpflichtungen (wie Geschäftsräume, eigene Angestellte, Fußfesseln etc.). Nichts hindert Sie, eine andere Firma zu suchen oder sich selbstständig zu machen. Was brauchen Sie schon für eine Arbeit als Freelancer oder sogar für Ihre eigene Agentur? Einen Namen und einen Computer! Alles andere ist Kür. Gerade im Vergleich zur Industrie ist eine Firmengründung in der Kreativbranche fast kostenlos.

Wenn Sie jetzt denken, jaaa Moment, so einfach ist das ja nun nicht – *doch!* Ist es. Ich habe sogar einen Beweis dafür: Wenn Sie in Ihrer Festanstellung unzufrieden sind, wurden Sie offensichtlich schon von jemandem eingestellt – also können Sie anscheinend irgendwas. Und das, was Sie können, will garantiert auch jemand anderes. Ein anderer Arbeitgeber oder ein direkter Auftraggeber. Aber dieser *Der-hat-leicht-reden*-Gedanke ist nichts anderes als eine Ausrede, es sich in einer bequemen Nörgelposition gemütlich zu machen.

Übrigens habe ich während meiner Recherche auch mit Angestellten geredet, die genau diese Nörgelposition insgeheim klasse fanden. Sie lästerten einfach gern, fanden ihren Job sinnlos und ihre Chefs dämlich – gingen aber trotzdem jeden Tag gerne hin. Ein Berufsleben wie eine Daily Soap. Ich habe früher unterschätzt, *wie* unterschiedlich Menschen sind.

Einige unzufriedene Berufseinsteiger hatten sich auch einfach verlaufen. Die saßen mit einer antikapitalistischen oder zumindest kapitalismuskritischen Grundhaltung ausgerechnet in der Marketingbranche, die früher mal Verkaufsförderung hieß. Die fluchten dann in Abstimmungen über das Schweinesystem und die Datensammelwut von Facebook und Google, bis ihnen jemand vorsichtig erklärte, dass diese Daten ausgerechnet für sie gesammelt werden – eben Werber und Marketingabteilungen, die damit ihre Zielgruppen besser erreichen. Damit können Sie sich anfreunden – oder gehen. Denn Sie werden als Angestellter eine Firma oder ein Geschäftsmodell nicht ändern.

Nun wären Sie aber auch schlecht beraten, immer gleich alles hinzuschmeißen, nur weil es grade mal nicht so läuft, wie Sie wollen. Loyalität kann sich natürlich auch auszahlen. Sie sollten nur hin und wieder reflektieren, ob Ihr Arbeit- oder Auftraggeber diese Treue wirklich verdient. Die Personalmanagerin Britta Hesse sagt dazu: *»Irgendwann geht loyales Durchhalten in latente Dämlichkeit über.«*

Und falls Ihnen nach einer Kündigung ein Arbeitgeber mangelnde Loyalität vorwirft oder ein schlechtes Gewissen einreden möchte, denken Sie daran, dass auch er mindestens einmal illoyal zu seinem Chef war – nämlich bei der Gründung seiner eigenen Firma.

Also wenn Sie schon die Energie für einen hasserfüllten Artikel haben – nutzen Sie diese doch für Ihr Portfolio oder einen Check der Marktlage. Das wird die Situation sicher schneller verbessern – und zur nächsten Frage führen:

WIE KRASS IST KÜNDIGEN? Weniger schlimm, als Sie vielleicht glauben. Sie sind kein schlechterer Mensch nach einer Kündigung, auch wenn mancher Chef Ihnen das Gefühl geben will. Grade solchen Chefs müssen Sie nicht nachweinen. Veränderung bedeutet fast immer Fortschritt. Vor allem für Kreative, die neue Einflüsse, Fähigkeiten und Umfelder für ihre Arbeit brauchen. Coolere Arbeitgeber wissen das und bieten Ihnen bei Ihrer Kündigung an, zurückzukommen. Dann haben Sie sich ausprobiert und kommen mit mehr Erfahrung zurück. Eine Win-win-Situation.

Ich habe viele Kreative nach ihren Kündigungserfahrungen gefragt und eine Reaktion war immer gleich. Kollegen, die sagten: *Glückwunsch, ich bin ein bisschen neidisch.* Das bestätigt auch Ralf Lippmann vom Musikstudio German Wahnsinn, der es immer erstaunlich fand, wie viel Schulterklopfen jemand bekommt, wenn er gekündigt hatte. Von *der* Seite erwartet Sie bei einer Kündigung seltsamerweise meist nur Anerkennung.

Natürlich ist die eigene Reaktion bei einer Kündigung vor allem eine Charakterfrage. Aber eine Tendenz spürte ich dennoch: Für Ältere (über 50) fühlt sich eine Kündigung schon krass an (nicht nur, wenn es sie selbst betrifft, sondern auch bei den eigenen Kindern). Sie hatten ihren Job schließlich perfekt im Griff und wollten nicht, dass sich das ändert. Die 30- bis 40-Jährigen fühlten sich eher rebellisch, wenn sie sich nach einer Kündigung selbstständig machten. Aber die 17- bis 30-Jährigen können eine langfristige Bindung an einen Arbeitgeber fast gar nicht mehr nachvollziehen. Sie arbeiten mal als Freelancer, mal in einem bis drei Start-ups und machen noch freie Projekte nebenher. Fabian Frese von Kolle Rebbe erzählte mir von einem kleinen Start-up-Inkubator, in dem einmal die Generationen direkt aufeinandergeprallt sind:

Ein älterer Kunde fragte die 23-jährigen Gründer, was sie denn vorhaben, wenn ihre Firma scheitert. Ob sie dann wieder fest arbeiten würden. Und die schauten ihn völlig irritiert an und meinten, dass sie ja erstens nicht scheitern und zweitens zur Not ein anderes Projekt machen. O-Ton Frese: *»Das sind die Einzigen, die wirklich verstanden haben, wie viele Möglichkeiten hier überall rumfliegen.«*

START IN DIE SELBSTSTÄNDIGKEIT Die ersten (bürokratischen) Schritte in die Selbstständigkeit sind für Freelancer und Firmengründer sehr ähnlich, daher habe ich diese Punkte zusammengefasst. Das betrifft vor allem Ihre persönlichen Versicherungen, Steuern und Förderungen.

Und jetzt habe ich den Schlamassel. Ich muss die drei schlimmen Worte für Kreative schreiben: Bürokratie, Steuern und Versicherungen. Das ist erfahrungsgemäß der Moment, an dem der Autor für sich selbst weiterschreibt, weil die Leserschaft gedanklich schon weg ist. Also mache ich das ganz Kreativen-kompatibel: kurz und schmerzlos – mit möglichst viel geschenktem Geld am Ende. Das ist okay, oder?

FREELANCE Der Aufwand für eine Gründung als Freelancer hängt vor allem davon ab, wo Sie leben. In Deutschland sind die Formalitäten traditionell am größten – dafür gibt es aber auch die meisten Hilfen. Also der Staat schenkt Ihnen viele tausend Euro – wenn Sie es richtig anstellen (dazu mehr in den Kapiteln *Businessplan & Gründungzuschuss* ab Seite 109 und *Versicherungen & KSK* ab Seite 100). In Österreich gibt es den Gründerservice der Wirtschaftskammer, nur die Schweiz hilft Gründern (von staatlicher Seite) fast gar nicht – dafür gibt es aber auch kaum Formalitäten und Steuern.

Aber staatliche Zuschüsse sind eigentlich nur ein optionaler Bonus für Gründer. Wirklich <u>elementar sind ein sehr gutes Portfolio und Auftraggeber, denen Sie es zeigen können</u>. Idealerweise haben Sie auf den bekannten Job-Portalen schon ein großes (und relevantes) Netzwerk um sich geschart, dem Sie ab dem Zeitpunkt Ihrer Gründung nur eine Statusmeldung schicken, dass Sie jetzt buchbar sind. Je nach Fachrichtung und Spezialisierung werden die ersten Buchungen sofort oder erst nach ein paar Wochen oder Monaten kommen. <u>Machen Sie sich nicht verrückt, wenn die Auftraggeber nicht direkt Schlange stehen.</u> Auch renommierteste Kreative müssen erst ins *Relevant Set* der Auftraggeber rücken, und das dauert manchmal. Nutzen Sie die (auch unfreiwillig) freie Zeit für Akquise (!), Hobbys oder Nebenprojekte.

FIRMENGRÜNDUNG Je nachdem, was Sie genau vorhaben, ist eine Firmengründung ähnlich simpel wie beim Freelancen oder so komplex und aufwändig, dass Sie einen Experten brauchen. Denn Ihre Geschäftsidee kann praktisch alles sein – in jeder Skalierung.

Als Kreativer sind Sie zwar häufig Dienstleister – aber das muss nicht so bleiben. Ein Artdirektor im Editorial-Bereich kann zum Beispiel sein eigenes Magazin herausbringen – oder sogar seinen eigenen Verlag gründen. Ein Texter kann ein Buch (oder Drehbuch) schreiben und so weiter. Geschäftsideen gliedern sich, ganz grob, in eine dieser Kategorien:

▶ Sie erschaffen ein neues Produkt und verkaufen es.
▶ Sie handeln mit bestehenden Produkten
  oder Dienstleistungen.
▶ Sie verkaufen spezialisiertes (Fach-)Wissen bzw.
  die benötigten Werkzeuge.
▶ Sie lösen Probleme und vereinfachen Abläufe
  (für Firmen oder Privatleute).
▶ Sie schaffen neue Erlebnisse und verkaufen sie.
▶ Sie imitieren eine bestehende Idee, verbessern sie
  oder bieten sie günstiger an.

Wenn Sie eine gute Idee haben und sich entschließen, sie wirklich umzusetzen, dann geht sie los, die wilde Fahrt. Eine Firmengründung (oder weniger furchteinflößend: ein Start-up) ist die mutigste und eindeutigste Form der Selbstverwirklichung. Und die anstrengendste. Denn sie geht meist weit über reines *Arbeit gegen Geld* hinaus.

Eine Firma wird oft mit viel Herzblut und Engagement gegründet. Und mit Geld. Denn je nachdem, was Sie vorhaben, brauchen Sie Startkapital, das Sie erst mal organisieren müssen. Die Buchhaltung macht in einer Firma niemand so schnell nebenbei, wie zum Beispiel beim Freelancer. Der Businessplan ist häufig mindestens doppelt so umfangreich. Leider ist fast keiner gleichzeitig brillanter Kreativer und professioneller Buchhalter. Daher werden viele Firmen von Partnern gegründet, die ihre jeweiligen Schwächen ausgleichen und Stärken kombinieren.

Das Thema Geld unterschätzen fast alle Firmengründer, vor allem die aus der Festanstellung kommen. Eduardo García sagt, diese Erfahrung bringt wenig, weil Sie dort als Kreativer einfach nichts mit Geld zu tun haben. Und Nicolas Kittner weiß nach einer gescheiterten Firmengründung: »Ich habe auf die harte Tour gelernt, dass Freelance und Firmengründung zwei komplett unterschiedliche Dinge sind. Freelance und Festanstellung haben mehr miteinander zu tun als eine Firmengründung. Das ist derart komplex, das sollten Sie sich schon gut überlegen.« Und Sie sollten sich an den Gedanken gewöhnen, dass nun Sie es sind, der für alle Probleme verantwortlich ist. Wenn etwas nicht geklappt hat, können Festangestellte zumindest denken, dass ihr Chef es verbockt hat; Freelancer sind schon wieder im nächsten Job – aber als Firmengründer tragen Sie die gesamte Verantwortung. Mit allen Licht- und Schattenseiten.

Dazu gehören auch organisatorische Aufgaben und Administration. Je mehr Angestellte Sie haben, desto mehr. Urlaubs- und Kapazitätenplanung (Wie, du bist morgen nicht da!? – Hatte ich doch vor einem halben Jahr in die Liste eingetragen! – Welche Liste?!?), Büromaterial-Bestellungen (Scheren? Schon wieder? Wo verschwinden die immer?!) und Milch für die Kaffeeküche (Also Bio-Sojamilch und lactosefrei sind wichtig, fettarm haben wir noch zwei, die normale trinkt nur Julia, glaub ich!). Und dabei nicht vergessen: Sie wollen mit Ihrer Firma die Welt verändern.

Ralf Lippmann sagt dazu, dass Kreative, die sich zu viel mit dem Geschäft beschäftigen, irgendwann keine Künstler mehr sind. Sie verlieren ihr Feuer, und zwar vor allem nach außen – ohne es selbst zu merken. Zumindest in der Anfangszeit ohne Assistenten müssen Sie für solche Nebenschauplätze mindestens 40–50 Prozent Ihrer Zeit einplanen. Und die anderen 50 Prozent werden Sie anfangs vor allem zur Akquise brauchen. Christoph Mäschig, Inhaber von Nerdindustries, sagt: *»Anfangs war es die Hölle, Projekte zu akquirieren. Wenn man neu ist und dann auch noch eine Nischenpositionierung hat, ist es extrem hart.«* Für diese Zeit brauchen Sie einen guten Puffer, finanziell wie emotional. Die gute Nachricht ist aber: Wenn alles klappt, haben Sie Ihre eigene erfolgreiche Firma aufgebaut. Und ganz nebenbei die beste Altersvorsorge, die Sie sich denken können. Aber die vermutlich größte Befriedigung wird sein, dass Sie wirklich etwas geschaffen und verändert haben. Christoph Mäschig sagt *»Wir können jetzt endlich machen, was wir immer wollten.«* Und mit diesem Traum beginnt eine Firmengründung am besten auch. Damit – und mit dem Gründungszuschuss.

BUSINESSPLAN & GRÜNDUNGZUSCHUSS
Wer sich selbstständig macht, braucht einen Businessplan. Das weiß (bzw. denkt) fast jeder. Etwas unbekannter ist der Grund, warum und wofür. Denn wenn Sie keine größere Finanzierung für Ihre Gründung brauchen (wie beispielsweise Freelancer), können Sie sich den Gang zu Banken und Investoren sparen – und damit auch den Businessplan. Theoretisch zumindest. Freelancer haben idealerweise einige Monatsgehälter als Puffer zur Seite gelegt, was meist auch reicht. Als Firmengründer brauchen Sie vermutlich mehr Geld und damit auch einen Businessplan – zwingend.

Auch Ämter benötigen überraschenderweise für Ihre Gewerbeanmeldung (Pflicht!) keinen Businessplan. Engagierte Beamte fragen Sie trotzdem danach, aber eher aus Fürsorgepflicht und nicht, weil er dafür nötig wäre.

Einen Businessplan schreiben Sie vor allem für sich selbst. In meinem Businessplan steht zum Beispiel die Zusammenfassung: *Ich möchte schöne Kreation machen und dabei nicht pleite gehen.* Gerade der letzte Teil des Satzes wird oft vergessen, dabei ist der viel schwieriger. An Ihrer Kreation arbeiten Sie später noch genug, den Finanzplan müssen Sie *vorher* klären. Darum werden Risiken abgeschätzt, Kosten kalkuliert und Potenziale entdeckt. Sie definieren Ihre Positionierung und Ihre Zielgruppe schwarz auf weiß, was grundsätzlich wahnsinnig hilfreich ist. Beim Businessplan-Schreiben fühlen Sie sich auch das erste Mal wie ein Unternehmer und Sie gewinnen Selbstvertrauen. Sie stellen sich damit selbst ein Zeugnis aus, das Ihnen bescheinigt, dass Sie es können und schaffen werden.

Oder Sie spüren, dass Ihr Traum, Unternehmer zu werden, besser ein Traum bleiben sollte – und genießen weiterhin Ihre Festanstellung. Ein guter Businessplan konfrontiert Sie auch mit den weniger glamourösen Seiten Ihres Geschäftsfeldes – und zwar in ihrer ganzen langweiligen, komplizierten, nervigen, ... Härte. Wenn Sie Ihre Firma danach immer noch wollen, dann wissen Sie: Sie wollen sie wirklich!

Davon abgesehen, ist ein Businessplan ein Werkzeug, mit dem Sie ein gewisses Ziel erreichen wollen. Wenn Sie beispielsweise einen Investor bzw. Kreditgeber von Ihrer Geschäftsidee überzeugen wollen, stellen Sie Ihre finanziellen Aussichten tendenziell etwas rosiger dar als beim Antrag für den Gründungszuschuss. Angenommen, Sie stellen sich so dar, dass Sie schon ab dem ersten Tag satte Gewinne erzielen, liest sich das ein Beamter wohlwollend durch – und lehnt Ihren Antrag sofort ab. Denn dann brauchen Sie schließlich auch keine staatliche Förderung. Auch der Staat hat nichts zu verschenken.

Die Beantragung des Gründungszuschusses ist für fast jeden deutschen Gründer sinnvoll. Denn Sie können bis zu 18.000 Euro Förderung erhalten, die Sie nie zurückzahlen müssen. Ähnlich zahlt sich die Mitgliedschaft in der Künstlersozialkasse (KSK) aus. Die KSK übernimmt den *Quasi-Arbeitgeberanteil* an Ihren Sozialversicherungen. Sie schenkt Ihnen die Hälfte Ihrer Beiträge, was oft mehrere hundert Euro pro Monat sind. Unterm Strich haben Sie sehr viele finanzielle Vorteile und praktisch keine erkennbaren Nachteile – außer natürlich: einen Haufen Formalitäten.

Unabhängige Informationen und Beratungsangebote (also solche, die Ihnen ehrlich helfen wollen und später keine absurden Überraschungsrechnungen schicken) finden Sie in Deutschland über die Websites der Arbeitsagentur, der Handelskammer, der KfW und Ihrer Stadt. Österreichern wird vom BMWFW (Bundesministerium für Wissenschaft, Forschung und Wirtschaft), der Wirtschaftskammer und ebenfalls ihrer Stadt geholfen. Schweizer finden meist alles auf der Website ihres Kantons. Bei anderen Quellen achten Sie am besten zuerst auf das Impressum. Dort müssen selbst unseriöse Berater oder Firmen angeben, wer sie wirklich sind.

Da sich die Amtsgänge je nach Stadt und Land unterscheiden, lohnt es sich, zuerst mit jemandem zu reden, der sich dort selbstständig gemacht hat. Falls Sie keinen Gründer in Ihrer Nähe kennen, suchen Sie ein Gründernetzwerk in Ihrer Stadt oder einen Coworking Space – wenn auch das nichts bringt, gibt es eine sehr praktische Alternative namens Gründercoach. Sie gibt es in fast jeder größeren Stadt und sie sind gleichzeitig auch der einfachste Weg zum Gründungszuschuss. Das sind Experten, die Sie meist sicher durch alle Formalitäten bringen und wissen, was es für einen erfolgreichen Antrag alles zu beachten gilt. Natürlich gibt es nichts gratis, aber wenn Sie Ihren potenziellen Coach nach seiner Erfolgsquote fragen, wird es vermutlich überzeugender. Ein Richtwert für die gesamte Beratung sind vier bis fünf Stunden à 100 Euro – also ca. 500 Euro. Bei einem erfolgreichen Antrag (bis zu 18.000 Euro) ist das eine gute Investition. Seriöse Coaches werden Ihnen vermutlich auch direkt zu Anfang sagen, wenn Ihr Antrag keine Chance auf Bewilligung hat, denn die wollen sich schließlich nicht ihre Statistik ruinieren. Idealerweise finden Sie einen Coach über Empfehlungen von Freunden, Bekannten oder die üblichen Plattformen im Internet.

Aber auch der Coach wird Ihnen eine Liste geben, die Sie ausfüllen müssen. Und zwar die mit den Pflichtinhalten Ihres Businessplans. Und das sind ungefähr (es gibt keine echte Norm dafür) die auf den nächsten Seiten aufgeführten Punkte.

Vorweg ein Wort zum Umfang. Ob der Businessplan ausführlich oder kurz sein soll, hängt ein bisschen davon ab, wen man fragt und was Sie vorhaben. Ein Freelancer kommt mit ca. 15–20 Seiten aus, während eine komplexere Firmengründung über 100 Seiten füllen kann. Ich habe einige Investmentbanker und Gründungscoaches gefragt und einig waren sich alle darin: Texte gerne so kurz – und Zahlen so durchdacht/detailliert wie möglich. Keiner will sich durch zig Seiten Textwüste voller Selbstlob quälen, wenn hinten im Zahlenteil alles wieder zerbröselt. Viel wichtiger sei ihnen ohnehin der Gründer selbst. Ein guter Gründer macht auch aus einer mittelmäßigen Idee eine profitable Firma, während ein mittelmäßiger Gründer auch eine brillante Idee vermutlich vor die Wand fahren wird. Denn fast keine Firmengründung verläuft idealtypisch wie geplant. Das Wort

Unternehmergeist ist manchmal auch die professionelle Umschreibung für *Nichts läuft wie geplant, aber wir kriegen das schon irgendwie hin und versuchen dabei seriös und erfolgreich zu wirken.*

Die folgenden Angaben zum Umfang sind eine grobe Orientierung für Freelancer. Dort ist es recht übersichtlich und kontrollierbar. Firmengründer halten sich am besten an oben genannte Regel.

BEISPIEL BUSINESSPLAN

1. TITEL MIT NAME, ADRESSE, DATUM – und Ihrer Arbeitsagentur-Kundennummer, die Sie bekommen, sobald Sie gekündigt haben und mindestens einen Tag arbeitslos sind.

. . . .

2. UNTERNEHMENSGEGENSTAND ▸ ca. eine Seite
Eine kurze Zusammenfassung über Ihr Vorhaben und Ihre Unternehmensgründung.

. . . .

3. GRÜNDER ▸ ca. 1–2 Seiten
Eine Art ausführlicher Lebenslauf. Wer sind Sie? Wer sind Ihre Mitgründer/Partner? Was sind Ihre Qualifikationen (fachlich wie kaufmännisch)?

. . . .

4. PRODUKT UND LEISTUNG ▸ ca. 2–3 Seiten
Erklären Sie Ihren Beruf und Ihre Geschäftsidee ausführlich. Und zwar wie Ihrer Großmutter. Jeder (Beamte), der noch nie von Ihrem Job gehört hat, muss danach wissen, was Sie machen – und wie Sie damit Geld verdienen wollen.

. . . .

5. KUNDEN ▸ ca. 2–4 Seiten
Hier gibt es zwei Unterpunkte: den Bedarf und die Kunden. Wer braucht Sie? Und zwar wann, wie oft, wofür genau – und können sie Ihre Rechnungen zahlen?

6. UNTERNEHMENSGRÖSSE ▸ ca. eine Seite

Gründen Sie alleine, als kleines Team oder direkt als große Mannschaft? Beschreiben Sie auch die Qualifikationen Ihrer Partner oder Angestellten.

7. MARKT UND MARKETING ▸ 3–5 Seiten

Hier gibt es mehrere Unterpunkte:

- ▸ Marktsituation und Entwicklung
- ▸ Wettbewerber
- ▸ Mögliche Markteintrittsbarrieren
- ▸ Markteintrittsstrategie
- ▸ Kommunikationsmittel
- ▸ Marketingplan

Das meiste erklärt sich von allein, nur die Punkte Markteintrittsbarrieren und -strategie sind gute Argumente für den Gründungszuschuss. Denn auch wenn alles andere großartig aussieht, der Weg ins *Relevant Set* Ihrer Auftraggeber dauert. Und für genau diese Übergangsphase brauchen Sie den Gründungszuschuss. Beim Thema Marketing und Kommunikationsmittel reichen bei Freelancern schon Profile bei den einschlägigen Businessportalen, eine Website und Visitenkarten. Bei Firmengründungen brauchen Sie schon ein komplettes Marketingkonzept.

8. ORGANISATION ▸ 1–2 Seiten

Besonders die folgenden Punkte können bei Firmengründungen sehr detailliert und komplex werden, während beim Freelancer jeweils ein kurzer Satz reicht.

- ▸ Räumlichkeiten

  Wenn Sie spezielle Räume brauchen (Druckerei, Musik- oder Fotostudio etc.), beschreiben Sie diese detailliert. Bei Laufkundschaft ist die Lage enorm wichtig. Freelancer nutzen meist die Räume ihrer Auftraggeber.

- ▸ Mitarbeiter

  Hier geht es weniger um die individuelle Qualifikation jedes Partners oder Angestellten, sondern mehr um die reine Anzahl, Arbeitszeitregelungen oder sonstige Zusatzleistungen.

▸ Allgemeines zu Finanzen und Steuern
Ihr Buchhaltungsprogramm und Ihre Rechnungssoftware, bei Firmen evtl. eigener Buchhalter oder Finanzchef.

▸ Steuerberater
Name und Adresse.

▸ Logistik
Wie kommen Sie und Ihre Arbeiten zu Ihren Auftraggebern? Auto, Fahrrad, Bahncard, Privatjet etc.

9. PLANRECHNUNGEN ▸ ca. 4 Seiten
Das ist der komplizierteste Teil, für den Sie idealerweise Hilfe haben. Grundsätzlich besteht dieser Teil aus:

▸ Ertragsvorschau & Liquidität (ca. 1–2 Seiten)
Hier kommt alles zusammen. Ihre Einkünfte, Ihre Ausgaben (Betriebskosten und Sonstiges), Ihr Betriebsergebnis, Ihr Ertrag nach Steuern und schließlich Ihr Unternehmerlohn. Letzterer wird gerade in den ersten sechs Monaten sehr gering ausfallen. Zum Ausgleich brauchen Sie den Gründerzuschuss – und Ihr Erspartes.

▸ Gründungskosten
Was kostet Ihre Basisausstattung zum Start?

▸ Umsatzplanung
Hier schätzen Sie so realistisch wie möglich, was Sie in den nächsten Jahren (mindestens drei) einnehmen. Dazu gehören auch Ihre vermuteten Ausgaben – inklusive der Frage, wie viel Geld Sie zum Leben brauchen.

Das ist Ihr Businessplan!
Dafür brauchen Sie einige Tage. Aber wenn damit der Gründungszuschuss bewilligt wird, sind Sie in den ersten sechs bis zwölf Monaten finanziell deutlich entspannter. Das ist ein guter Stundenlohn für Ihren ersten Job als Selbstständiger, oder?

VERSICHERUNGEN & KSK Wenn Sie sich jetzt schon aufgerafft haben und in bester deutscher Formalitäten-Laune sind, können Sie diese Motivation direkt für das nächste Highlight nutzen: Versicherungen und im Speziellen die Künstlersozialkasse (KSK).

Als kleine Motivationsspritze vorweg: Auf die KSK können *nicht-kreative* Selbstständige durchaus neidisch sein, denn sie zahlt 50 Prozent der Beiträge zur Kranken-, Renten- und Pflegeversicherung. Eben wie ein Arbeitgeber. Finanziert wird dieses großartige Modell durch abgabepflichtige Unternehmen und den Bund.

Die KSK ist übrigens nicht zu verwechseln mit Krankenkassen wie TK, AOK etc. Sie übernimmt nur Ihren *Quasi-Arbeitgeberanteil* und fertig. Wenn Sie aktuell als Selbstständiger bei der TK versichert sind, bleiben Sie das auch mit der KSK. Sogar die Leistungen bleiben identisch, nur Ihr Beitrag wird erfreulicherweise geringer.

Ich habe aber auch mit Kreativen gesprochen, die nicht in die KSK wollen. Sie fühlten sich bevormundet, da die KSK zum Beispiel in die gesetzliche Rentenversicherung einzahlt – und nicht in eine andere Altersvorsorge. Ich selbst habe mich über den geschenkten Gaul gefreut und mich pragmatisch für das *Sowohl-als-auch*-Modell entschieden. Ich zahle in eine private wie auch – über die KSK – in die gesetzliche Rentenversicherung ein.

Problematisch an der KSK ist eher der Aufnahmeantrag. Der hat es nämlich in sich. Er besteht aus einem ausführlichen Antragsformular (unter *www.kuenstlersozialkasse.de*) und jeder Menge Nachweisen: von Verträgen und Rechnungen (inkl. Bankbelegen) bis zu Werbematerial und Nachweisen über Veröffentlichungen und Ausstellungen. Unterm Strich möchte die KSK nachvollziehbare *Beweise* dafür, dass Sie Ihren Lebensunterhalt mit einer künstlerischen oder publizistischen Tätigkeit bestreiten. Wenn Ihre Unterlagen dafür nicht ausreichen, wird Ihr Antrag abgelehnt – und das passiert häufig. Aber das ist noch kein Grund zur Sorge, denn Sie dürfen alles nachreichen. Gerade wenn Sie den Antrag zu Beginn Ihrer Selbstständigkeit einreichen, fehlen Ihnen einfach die richtig harten Beweise wie bereits bezahlte Rechnungen oder unterschriebene Aufträge. Trotzdem ist der Antrag zu diesem Zeitpunkt sinnvoll, da die erste Rückmeldung gerne 8–10 Wochen auf sich warten lassen kann. Danach geht es etwas schneller.

Ist Ihr Antrag genehmigt, muss die KSK Ihren Beitrag berechnen. Das funktioniert im Gegensatz zu BAföG, Kita-Gebühren oder anderen Versicherungen über eine Schätzung im Voraus. Da zu viel gezahlte Beiträge nicht zurückerstattet werden, sollten Sie hier sehr vorsichtig (niedrig) schätzen. Wenn Sie also 30.000 Euro Jahreseinkommen schätzen, aber nur 20.000 Euro verdienen, haben Sie Pech gehabt. Theoretisch können Sie Ihre Schätzung auch monatlich korrigieren, aber wer macht das schon? Eine allzu niedrige Schätzung ist allerdings auch wenig sinnvoll, da es hier schließlich nicht nur um aktuell eingesparte Beiträge geht, sondern auch um Ihre spätere Rente. Außerdem prüft die KSK hin und wieder. Grobe Orientierung: Mit ca. 10–20 Prozent unter Ihrem realistisch geschätzten Jahreseinkommen machen Sie wenig falsch.

Damit ist der komplizierteste Teil erledigt. Welche Versicherungen darüber hinaus sinnvoll sind, hängt von Ihrer persönlichen Lebenssituation ab. Eine sehr praktische und vor allem unabhängige Orientierung ist der *Bedarfscheck* auf *www.BundderVersicherten.de*. Mit wenigen Klicks werden die wichtigsten Versicherungen nach Prioritäten angezeigt.

Vermutlich ist eine Berufsunfähigkeitsversicherung ganz weit oben dabei. Früher dachte ich immer, dass so was nur für Dachdecker oder Testpiloten sinnvoll wäre, denn was kann mir als Texter schon passieren? Ich werde mir ja vermutlich nicht am scharfkantigen Papier beide Hände abschneiden. Trotzdem gehören Kreative, besonders Werber, bei Versicherungen zur *Risikogruppe 4: hoch*. Sogar Chemiker oder Architekten sind geringer eingestuft. Damit sind Kreative übrigens auch die Einzigen, die diese Stufe an einem Schreibtisch erreichen. Und das liegt vor allem am Stress bzw. Ihrer Einstellung dazu (siehe Kapitel *Stress* ab Seite 53). Burnout, massive Rückenprobleme, Hörsturz etc. – die Wahrscheinlichkeit, dass Sie im Laufe Ihres kreativen Arbeitslebens davon betroffen sind, ist sehr hoch. Daher ist eine Berufsunfähigkeitsversicherung äußerst sinnvoll (fast so sinnvoll wie gesunde Ernährung, eine positive Einstellung zur Arbeit, ausreichende Pausen und Sport, aber das nur am Rande).

Übrigens können Sie bei fast allen gesundheitsbezogenen Versicherungen sehr viel sparen, wenn Sie diese früh im Leben abschließen. Zugegeben, Zwanzigjährige verabreden sich eher selten zum Versicherungscheck, aber spätestens mit Mitte/Ende 30 machen sie trotzdem große Augen, wenn sie feststellen, dass sie teilweise weniger als die Hälfte zahlen würden, wenn sie die Versicherung ein paar Jahre früher abgeschlossen hätten.

Neben bekannten Klassikern wie Riester-Rente oder Risikolebensversicherung gibt es noch zwei etwas speziellere Versicherungen für Freelancer: die Berufshaftpflicht und die Arbeitslosenversicherung für Selbstständige.

Letztere müssen Sie innerhalb von drei Monaten nach Beginn Ihrer Selbstständigkeit beantragen und sie ist dann mit etwa 80 Euro im Monat nicht gerade günstig. Sie richtet sich vor allem an Gründer aus einer Festanstellung heraus, denn Sie müssen in den letzten zwei Jahren mindestens zwölf Monate in die gesetzliche Arbeitslosenversicherung eingezahlt haben.

Eine Berufshaftpflicht zahlt zum Beispiel, wenn geheime Daten gehackt und veröffentlicht wurden, Ihre Festplatte mit den einzigen Fotos vom Shooting kaputt ist oder etwas *Gebautes* geklaut wurde. Besonders für Fotografen und einige Designer kann das sinnvoll sein. Vor allem, weil eine Berufshaftpflicht mit 100 bis 180 Euro pro Jahr vergleichsweise günstig ist.

Rockmusiker mit hohem Instrumenten-Verschleiß können ihre Gitarrentrümmer übrigens nicht bei der Berufshaftpflicht einreichen, sondern brauchen eine ergänzende Inventarversicherung (müssen Sie Ihren Groupies ja nicht erzählen).

Die Berufshaftpflicht zahlt auch nicht, wenn Sie zum Beispiel einen Druckauftrag ruinieren. Dann brauchen Sie eine separate Produktionshaftpflichtversicherung, die, je nach Projekt, deutlich teurer ist. Bei solchen Spezialversicherungen sollten Sie sich generell sehr genau durchlesen, was abgedeckt ist und was nicht, – oder gleich einen unabhängigen Berater fragen.

Der Vorteil von Versicherungen ist grundsätzlich, dass Sie sich nur einmal darum kümmern und danach fast nie wieder. Ganz im Gegensatz zu Rechnungen, die Sie am liebsten ständig schreiben möchten ...

RECHNUNGEN STELLEN & STEUER Das Wort

Rechnung ist meist mit schlechter Laune verbunden – bis zu
dem Moment, in dem Sie selbstständig sind. Denn dann
entdecken Sie die wundervolle Welt des *Rechnungenschrei-
bens*. Der ganze Trick besteht nämlich darin, stets höhere
Rechnungen zu stellen, als Sie zu bezahlen haben.
Rechnungen werden von Kreativen traditionell unter-
schätzt. Vor allem schicken sie ihre Rechnungen oft viel zu
spät. Eduardo García erzählt aus der Gründungzeit seines
Musikstudios, dass er damals einen Zettel von der Handelskammer hatte, auf dem groß der Hinweis stand, rechtzeitig
Rechnungen zu schreiben. Er war damals 23 und dachte sich
*»Ach komm, ich will hier Rockstar werden! ... Aber die schlechten
Erfahrungen muss man dann eben machen.«*
Dabei ist der einfachste Weg, schnell an das verdiente
Geld zu kommen, ein zügiger Rechnungsversand. Denn jede
spätere (hoffentlich nicht notwendige) rechtliche Handhabe
basiert auf dem Zeitpunkt der Rechnungsstellung. Seit 2013
gilt eine sympathische EU-Richtlinie, die besagt, dass alle
Rechnungen spätestens nach 30 Tagen bezahlt werden müssen. Und wenn Sie ein früheres Zahlungsziel (zum Beispiel
14 Tage) vereinbaren bzw. in Ihre Rechnungen schreiben, gilt
das.

Ist Ihr Geld nach dieser Frist noch nicht auf dem Konto,
können Sie theoretisch eine Mindestentschädigung von
40 Euro für die Mahnung und einen Verzugszins-Aufschlag
von 8 Prozent zusätzlich fordern. Darauf sollten Sie allerdings nur bestehen, wenn Sie mit dem Auftraggeber nicht
mehr zusammenarbeiten wollen. Denn so ein Vorgehen ist
zwar rechtlich korrekt, trägt aber nicht gerade zu einer
besonders freundlichen und warmen Geschäftsatmosphäre
bei. Netter als eine offizielle Mahnung wirkt eine kleine
Erinnerungs-E-Mail. Vermutlich hat Ihr Auftraggeber Ihre

Rechnung nämlich einfach vergessen oder sie liegt in einem dicken *Zur-Freigabe*-Ordner beim Chef, der auf Geschäftsreise war.

Ein anderer häufiger Fehler von Kreativen ist eine chaotische Ablage, in der sie den Überblick verlieren. Das liegt dann meist daran, dass sie für ihre Rechnungen Adobe InDesign, Microsoft Word oder ein anderes zur Buchhaltung völlig ungeeignetes Programm benutzen. Denn nur weil Sie sich mit einem Programm gut auskennen, ist es noch lange nicht für die Buchhaltung geeignet. Stattdessen gibt es abgespeckte und angenehm unnervige Buchhaltungsprogramme, speziell für Freelancer und Kleinunternehmer. Eine einfache und relativ günstige Lösung ist zum Beispiel GrandTotal für den Mac. Stark im Kommen sind auch Online-Buchhaltungslösungen wie FastBill, Lexoffice, freeFIBU etc. Da der Freelancer-Markt seit Jahren wächst, ist auch der Markt für einfache Buchhaltungssoftware hart umkämpft. Das ist klasse, denn es wird alles intuitiver, schicker und praktischer. Bei einem so faden Thema freut das besonders. Die meisten Online-Lösungen bieten praktische Infografiken und sind cloud-basiert, sodass Sie auch mit Ihrem Smartphone Zugriff auf Ihre Buchhaltung haben. Einige Angebote sind auch direkt mit Steuerberater oder Finanzamt verknüpft, sodass Sie Ihre Unterlagen direkt aus dem Programm heraus abschicken können. Das lassen sich die Anbieter natürlich alles bezahlen – wie alles, was Ihrer Bequemlichkeit dient. Dennoch: Wer sich früher einmal mit staubtrockenen Programmen wie Excel oder FileMaker herumgeärgert hat, kann heute bei der Buchhaltung sogar so etwas wie Spaß empfinden.

Wenn Sie ein passendes Programm gefunden haben, legen Sie Ihre Rechnungsvorlage an. Layout und Design sind ganz Ihnen überlassen, Inhalte aber sind gesetzlich vorgeschrieben. Laut Umsatzsteuergesetz muss Folgendes vorkommen:

- Name und Anschrift von Ihnen und
  Ihrem Auftraggeber
- Ihre Steuernummer oder Umsatzsteuer-ID
- Ausstellungsdatum
- Rechnungsnummer
- Art und Umfang der Leistung oder Menge
  und Bezeichnung der gelieferten Gegenstände
- Zeitpunkt der Leistung bzw. Lieferung
- Nach Steuersätzen und -befreiungen aufgeschlüsseltes
  Entgelt
- Entgelt und hierauf entfallender Steuerbetrag
  sowie Hinweis auf Steuerbefreiung

Die letzten beiden Punkte klingen etwas verwirrend, gemeint ist aber nur der für die meisten Fälle bekannte Umsatzsteuer-Abschnitt. Beispiel:

Gesamtnetto:	1.000 Euro
Zzgl. 19 % USt.:	190 Euro
Gesamtbrutto:	1.190 Euro

Für die Umsatzsteuer muss jeden Monat eine Art Mini-Steuererklärung abgegeben werden. Bei Freelancern ist die sogar so mini, dass Sie ab dem zweiten Monat nur noch 15 Minuten dafür brauchen, versprochen. Bei einer Firma ist natürlich auch das etwas komplexer. Idealerweise haben Sie einen Steuerberater, dem Sie alle Einnahmen (Ihre Rechnungen und Kontoauszüge) und Ausgaben (fremde Rechnungen und Quittungen) des Monats schicken. Und der regelt den Rest. Wenn Sie dem Finanzamt eine Einzugsermächtigung erteilen (empfehlenswert, da das Finanzamt auf Zahlungsverzug extrem zickig reagiert), wird die Umsatzsteuer danach automatisch abgebucht.

Und das war auch schon das Wichtigste zum Thema Umsatzsteuer. Das Thema wird von den meisten völlig überschätzt, die mit dem Gedanken spielen, sich selbstständig zu machen.

Nur einmal im Jahr müssen Sie, wie alle anderen auch, Ihre Einkommensteuererklärung machen. Hier spielt übrigens eine gute Buchhaltungssoftware ihre Vorteile aus. Denn das Praktischste daran sind weder Cloud-Funktionen noch Mobile-Konzept, sondern ganz simple Funktionen wie automatische Steuer-Berechnung, Erinnerungsfunktionen und (Trommelwirbel) eine Gesamtübersicht aller Jahreseinnahmen und -ausgaben. Mit dieser Zahl können Sie nämlich Ihre Einkommensteuer berechnen. Am einfachsten funktioniert das auf der Website des Finanzministeriums: *www.bmf-steuerrechner.de* (Österreicher gehen auf *www.online-rechner.at*, Schweizer klären das mit ihrem Kanton). Die Einkommensteuer ist im Gegensatz zur Umsatzsteuer etwas tückischer. Denn sie wird nur einmal im Jahr gezahlt und manchmal müssen Sie sogar gleichzeitig voraus- und rückwirkend bezahlen. In einem guten Jahr können das (auch deutlich über) 10.000 Euro sein! Ohne ausreichende Rücklagen stehen Sie plötzlich arm da. Aber keine Sorge, Sie haben das Geld ja vorher verdient. Sie sollten es eben nur auch noch haben. Tipp: Extrakonto für die Steuer.

Auf der Hitliste der dümmsten Fehler eines Selbstständigen steht *das Geld für die Steuer ausgeben* unangefochten auf Platz 1.

Sie müssen sich daran gewöhnen, dass Sie zwar viel Geld auf dem Konto haben – große Teile davon aber gar nicht Ihnen gehören! Die Umsatzsteuer wird jeden Monat abgebucht, das bekommen die meisten noch von selbst hin – aber für die Einkommensteuer brauchen Sie Rücklagen. Nicolas Kittner war viele Jahre Freelancer und hat das Thema perfekt zusammengefasst: »*Mal ehrlich, du bekommst Geld überwiesen und sparst ungefähr die Hälfte für die Steuer. Und über das, was übrig bleibt, freust du dich. So einfach.*«

Immer noch besser, als plötzlich händeringend jeden Job annehmen zu müssen, damit Sie Ihre Steuer zahlen können. Der Rapper Samy Deluxe erzählte aus den Anfangstagen seiner Karriere: »*Das war ein artsy Umfeld, man hat nicht über Geld geredet. Bei vielen von uns haben sich krasse Steuerschuldenberge angehäuft. Dann habe ich erst mal viele Jahre durchgehend gearbeitet, um diese Löcher zu stopfen.*« Noch sicherer als reine Steuerrücklagen sind allgemeine große Rücklagen, die Ihnen auch über Auftragsflauten hinweghelfen. Erfahrene Freelancer halten mindestens drei bis sechs (theoretische) Monatsgehälter als Puffer zurück. Das macht Sie nicht nur generell entspannter – Sie werden auch viel souveräner verhandeln, denn Sie wissen schließlich, dass Sie nicht zwingend auf diesen einen Job angewiesen sind. Wenn Sie gut wirtschaften und für ausreichende Rücklagen sorgen, haben Sie auch die Zeit, Ihre eigenen Projekte zu realisieren.

Ich selbst arbeite nach dem 50/50-Modell: 50 Prozent der Zeit arbeite ich als regulärer Freelancer für Agenturen oder Firmen und in den anderen 50 Prozent realisiere ich eigene Projekte, wie zum Beispiel dieses Buch. Dafür hilft es sehr, einen professionellen Rückzugsort zu haben. Im Fachjargon nennt man so etwas *Büro*.

SOFA VS. BÜRO Firmengründer haben selbstverständlich einen eigenen Firmensitz. Freelancer dagegen haben mehrere Möglichkeiten:

Manche arbeiten ausschließlich in den Räumen ihrer Auftraggeber. Wenn Sie das wissen, können Sie sich das Geld für ein eigenes Büro natürlich sparen.

Andere realisieren nebenbei auch eigene Projekte oder arbeiten für eigene Auftraggeber oder Kunden. Hier ist ein eigenes Büro sinnvoll.

Und dann gibt es noch das Homeoffice. Das klingt gut, hat aber seine Tücken. Die treten oft in Form eines gemütlichen Sofas, eines unzufriedenen Kindes oder einer unerledigten Hausarbeit auf. Bei Aufträgen ohne harte Deadline erwischen Sie sich plötzlich Wände streichend oder Kleiderschrank ausmistend. Kreative sind häufig Meister im Prokrastinieren. Hier kommt Ihre Selbstdisziplin ins Spiel. Ich kenne Freelancer, die in den ersten ein bis zwei Jahren richtiggehend verlotterten, weil sie erst gegen Mittag aufgestanden sind und dann im Trainingsanzug, mit Müslilöffel im Mund über ihrem Laptop hingen. Abgesehen von Ihrer Würde, verlieren Sie auf diese Weise auch den Respekt vor Ihrer Arbeit.

Dagegen hilft ein externes Büro. Eine räumliche Trennung zwischen Zuhause und Arbeit hat einige Vorteile, selbst wenn Sie die Bereiche geistig nicht trennen. Im eigenen Büro haben Sie alles direkt zur Hand. Zuhause *wandern* die Gegenstände oft durch die Wohnung, und bevor Sie richtig produktiv sind, suchen Sie erst mal alles zusammen. Besonders wenn Sie Kinder haben.

Für ein externes Büro bieten sich für Freelancer
drei Optionen an:

1. SCHREIBTISCH ZUR UNTERMIETE

2. COWORKING SPACE

3. EIGENES, GEMIETETES BÜRO

Der Schreibtisch zur Untermiete ist meiner Meinung nach
die charmanteste Lösung, da sie oft eine Win-win-Situation
darstellt. Die Firma bekommt für ihren (noch) nicht ausge-
füllten Platz etwas Geld, eine kompetente Kraft ist in der
Nähe, das geschäftige Umfeld motiviert und inspiriert und
Sie haben auch als Freelancer ein festes Kollegen-Umfeld
(auch wenn Sie trotzdem nie 100-prozentig dazugehören
werden). Fragen Sie einfach eine befreundete oder Ihnen
sympathische Kreativfirma, ob dort evtl. ein Schreibtisch frei
ist. Das klappt erstaunlich oft. Gute Preise liegen bei ca.
50–300 Euro im Monat, je nach Stadt, Lage und Zusatzleistungen. Denn Sie können oft auch Konferenzraum, Drucker
und Getränke mitnutzen. Ein weiterer Vorteil dieser Option
ist auch die meist sehr flexible Kündigungsfrist – die allerdings für beide Seiten gilt.

Coworking Spaces gibt es mittlerweile in jeder größeren
Stadt. Und dank der allgemeinen Entwicklung werden diese
auch immer professioneller. Ein Coworking Space bietet
Ihnen fast immer mehrere Optionen der Miete. Vom eigenen, abschließbaren Büro bis zum flexiblen Sitzplatz in
einem Großraumbüro.

Ein eigenes, gemietetes Büro für Sie als Einzelkämpfer
ist fast nie sinnvoll und kostet nur viel Geld. Außerdem sitzen Sie dort alleine, was relativ deprimierend ist. Besser, Sie
schließen sich mit anderen freien Kreativen zusammen und
mieten zusammen etwas – aber auch das birgt Risiken: Wer

zahlt, wenn einer geht und keinen Nachfolger hat? Zahlen alle gleich viel? Was ist mit Tischen und Stühlen? Wer zahlt für Drucker, Internet und Getränke? Und wer kümmert sich drum? Etc. Dazu kommen noch die oft jahrelangen Kündigungsfristen beim Mieten von Geschäftsräumen.

Diese Option ist eher etwas für eine Firmengründung oder große Nebenprojekte (aus denen oft eine Firma entsteht). Aber auch hier gilt: Halten Sie anfangs den Ball flach und lassen Sie sich nicht von Ihrer Euphorie zu übertrieben teuren Räumen hinreißen. Wenn Ihre Firma erst mal profitabel läuft, sind größere und repräsentativere Räume nicht nur finanziell entspannter – sondern auch ein schönes Signal an alle.

Die wenigsten erfolgreichen Kreativfirmen hatten direkt zu Anfang schicke Büros. Im Gegenteil erzählen sich viele eher Heldengeschichten aus der Gründungsphase, wie sie damals das fürchterliche Büro überlebt haben. Das Designstudio allerzeiten hat über den eigenen Räumen zum Beispiel eine Stepptanz(!)schule, die leider hervorragend ausgelastet ist. Ich saß einmal in einem Start-up bei Minusgraden zwischen billigen Heizstrahlern, weil die Heizung defekt war (die erst im Hochsommer repariert wurde). Also wenn Sie später ein paar lustige Geschichten erzählen wollen, fangen Sie klein an.

NEBENPROJEKTE Eine beliebte und oft kopierte Idee war das *20-percent-time*-Modell von Google. Mitarbeiter durften ein Fünftel Ihrer Zeit (also einen Tag pro Woche) für eigene Projekte nutzen. Aus einigen dieser kleinen Nebenprojekte sind zum Beispiel GoogleMaps, GMail oder AdSense entstanden, mit denen Google Milliarden verdient. Aus einem Hobby kann eine mächtige Geschäftsidee werden.

Nur leider funktionierte dieses 20-Prozent-Modell für die Festangestellten etwas anders. Einige Nutzer schreiben, dass es in Wahrheit ein *120-percent-time*-Modell war, denn für die eigenen Projekte war in Wahrheit erst nach Feierabend Zeit. Vermutlich hat Google das Modell deswegen 2013 langsam einschlafen lassen. Eine Firma verfolgt eben eigene große Ziele, und da passen quasi-private Nebenprojekte einfach nicht rein.

Ob dieses Nebenprojekt nun Siebdruck, eine Rockband, ein Buch, eine Bar oder etwas völlig anderes ist, bleibt Ihnen überlassen. Sie können machen, was Sie schon immer machen wollten. Idealerweise wirft Ihr Nebenprojekt irgendwann so viel Geld ab, dass Sie komplett davon leben können – und sie machen Freelance-Jobs nur noch als gut bezahltes Hobby.

Ein weiterer Vorteil von Nebenprojekten ist auch, dass Ihnen das niemand kaputtmachen kann. Er gibt keinen Chef, keinen Investor und keinen Auftraggeber, der Ihnen sagt: *Halt, Stopp! Wir machen das mit den Fähnchen!* Solange Sie dran bleiben, läuft Ihr Projekt weiter. Und wenn es Jahre bis zur Veröffentlichung dauert – Sie sind die einzige Person auf der Welt, die Ihr Projekt aufhalten kann. Und das ist eine enorm befriedigende Art zu arbeiten.

DISZIPLIN & URLAUB Nicht nur für besagte Nebenprojekte brauchen Sie vor allem eins: Disziplin. Sie sollten sich selbst einen Plan zurechtlegen und diesen auch einhalten. Inhaltlich wie zeitlich. Falls Sie vorher lange in Festanstellung gearbeitet haben, ist genau das die größte Umstellung. Denn plötzlich gibt Ihnen keiner mehr Aufgaben und sagt im Jahresgespräch, was Sie gut gemacht haben und was nicht. Die Fähigkeit zur Selbstreflexion ist für Festangestellte eine wichtige Charaktereigenschaft – für Freelancer ist sie elementar.

Wenn Ihre Selbstorganisation und Arbeitsdisziplin zu wünschen übrig lassen, zeigt sich das entweder am leeren Konto oder am pausenlosen Arbeiten Tag und Nacht ohne Urlaub. Dabei müssen Freelancer ganz besonders auf sich aufpassen, denn Krankheit oder gar ein Komplettausfall wegen Burnout kostet Sie streng genommen pro Tag einen Tagessatz. Streng genommen. Allerdings sollten Sie so nicht rechnen, denn das macht einen vor allem nervös und bringt wenig. Die bessere Strategie ist es, einfach darauf zu achten, übers Jahr *genug* zu verdienen. Dann können Sie auch guten Gewissens 25 Tage (oder mehr) Urlaub machen.

Wenn Sie auch Ihren Urlaub (kosten-)effizienter gestalten möchten, nehmen Sie ihn idealerweise in den ruhigeren Monaten. Wann die bei Ihnen sind, finden Sie aber vermutlich erst nach ein paar Jahren Erfahrung heraus. Es gehört auch ein bisschen Glück dazu. Wenn Sie als Freelancer im Markt bekannt und gut gebucht sind, werden Sie es idealerweise nie schaffen, Ihren Urlaub in eine komplett buchungsfreie Zeit zu legen. Das sollte Sie noch mehr beruhigen. Denn wenn man Sie diesen Monat buchen wollte, wird man Sie vermutlich auch nächsten Monat buchen wollen. Und nicht vergessen: Genießen Sie die Zeit.

FIRMENGRÜNDUNG IM SCHNELLDURCHLAUF

Jetzt folgt ein kompletter Idealverlauf einer Firmengründung mit allem, was dazugehört. Das kann übrigens auch für Freelancer interessant sein, auch wenn eine Firmengründung konkurrenzlos komplexer ist als jedes andere Arbeitssystem. Und auch die Karriere in bzw. mit der eigenen Firma verläuft völlig unterschiedlich. Dennoch sind bestimmte Punkte in fast jeder Firma gleich. Es ist zwar ein langer Weg, aber am Ende liegen Sie am Strand.

1. IDEE & SINN Den erfolgreichsten Gründern reicht nicht nur eine gute Geschäftsidee, mit der sie Geld verdienen können, sondern sie wollen etwas verändern: eine Branche, ein Produkt, eine Dienstleistung oder ein System. Eine große Vision, wenn man so will. Natürlich gibt es auch Gründer, die einfach nur reich werden wollen, aber den richtig beeindruckenden Firmen und Marken liegt fast immer ein tieferer Sinn zu Grunde.

Und dieser sogenannte *Unternehmenssinn* hat eine ganze Reihe Vorteile im Vergleich zum reinen *Unternehmenszweck*. Ein überzeugender Sinn ist nicht nur für Ihre eigene Motivation ausschlaggebend – es ist auch der Funke, der auf andere überspringt. Nicht nur auf Auftraggeber oder Kunden, sondern auch auf potenzielle Mitarbeiter. Der Sinn ist der Schlüssel, um die nächste Generation kreativer Talente an sich zu binden. Hervorragend ausgebildete Talente, die sich auch vom schicksten Firmenwagen nicht mehr blenden lassen. Die wollen vor allem wissen, wozu und warum sie für Sie arbeiten sollen. In den Anfangstagen der Firma Apple wollte Steve Jobs unbedingt den Pepsi Manager John Sculley abwerben. Das Problem war nur, dass Pepsi deutlich mehr Geld, Macht, Mitarbeiter, Ruhm und Privilegien bot als Apple seinerzeit. Schlechte Karten im Kampf um Talente. Aber Steve Jobs überzeugte, indem er seine Vision und den tieferen Sinn seiner Firma ausspielte. Sculley erinnerte sich noch Jahrzehnte später an die Frage von Steve Jobs: *»Willst du die Welt verändern oder weiter Zuckerwasser verkaufen?«* Anders formuliert: Willst du einem höheren Sinn folgen oder weiter einen bloßen Zweck erfüllen?

Fragen Sie sich weniger *was* Sie anbieten – die viel schlauere Frage ist die nach dem *Warum*. Angenommen Sie sagen, dass Sie Texte, Musik oder Illustrationen anbieten. Dann zuckt jeder mit den Schultern und denkt: mh, jagut, egal. Aber sobald Sie erklären, warum Sie Texte, Musik oder

Illustrationen anbieten, wird es spannend: Der Texter will vielleicht Menschen zum Lachen bringen, der Musiker möchte den Menschen zeigen, dass Liebeskummer für alle die Hölle ist, und der Illustrator möchte den Betrachter in eine fantastische Welt entführen. Und schon bekommt Ihr Angebot einen tieferen Sinn, der Menschen, Auftraggeber und Kunden interessiert – und Ihre Arbeit sofort wertvoller macht. Wie wertvoll, sieht man am besten an den wertvollsten Marken der Welt. Dort finden Sie den tieferen Sinn fast immer auf der Firmenwebsite bei den Stellenangeboten:

Apple verkauft nicht nur Computer, sondern Revolutionen:
The people here at Apple don't just create products —
they create the kind of wonder that's revolutionized entire industries.

Nike verkauft nicht nur Sportschuhe, sondern Inspiration:
Bring inspiration and innovation to every athlete* in the world.
(*if you have a body, you are an athlete)

Red Bull verkauft nicht nur Energydrinks, sondern Potential:
Wie können wir es besser machen?
Nicht der Profit steht bei uns an erster Stelle – wir streben danach unser volles Potential auszuschöpfen und verleihen Menschen und Ihren Ideen Flügel.

Starbucks verkauft nicht nur Kaffee, sondern Zuflucht:
Jeder hat in seinem Leben zwei entscheidende Orte: seine Arbeitsstelle und sein Zuhause. Wir wollen der dritte Ort für die Menschen sein.

Nach ordinärem Reichwerden klingt das alles nicht. Im Gegenteil, für diese Firmen ist das Erwirtschaften von Profiten ein extrem erfolgreiches Nebenprodukt beim Erfüllen ihres Sinns. Denn keine dieser Firmen hat eine neue Produktidee erfunden. Es gab schon Computer, Sportschuhe, Energydrinks, Kaffee und so weiter – trotzdem haben diese Firmen unzählige andere mit fast identischem Angebot überholt. Denn sie strebten nach etwas Größerem als nur nach einem guten Produkt. Sie hatten alle das *naive* Ziel, die Welt zu verändern, und haben es auf ihre Weise auch geschafft.

Davon können Sie viel lernen. Überlegen Sie sich genau, was Sie vorhaben, wofür Sie stehen und ob der Markt auf Ihre Firma gewartet hat. Eine innovative Dienstleistung (oder ein Produkt) wird ohne echte Leidenschaft und Vision vermutlich dahindümpeln und genauso gelangweilt wieder vom Markt verschwinden. Auf der anderen Seite kann eine bekannte und bewährte Dienstleistung mit einer starken Vision eines charismatischen Firmengründers ganz neue Dynamik in den Markt bringen. Das wissen übrigens nicht nur Ihre Auftraggeber und Kunden zu schätzen – sondern auch Ihre Geldgeber. Und die müssen Sie zuerst überzeugen.

2. BEWUSSTWERDEN Machen Sie sich klar, was diese Entscheidung für Sie und Ihr Leben bedeutet. Sie werden viel Zeit, Geld und Tränen für Ihre Firma opfern. Und die Freude, Ihrem Chef die Kündigung zu überreichen, währt vergleichsweise kurz.

3. PLANEN Machen Sie einen exakten Plan. Das muss (noch) kein klassischer Businessplan sein, aber die Struktur bietet sich an, denn dort müssen Sie wirklich alles bedenken. Und seien Sie ehrlich mit sich.

4. MARKTFORSCHUNG Testen Sie Ihren Plan. Prüfen Sie Konkurrenten und reden Sie mit vertrauenswürdigen Menschen. Das sind übrigens nicht unbedingt Ihre engsten Freunde, denn die sind meist entweder zu euphorisch oder zu vorsichtig. Aber reden Sie über Ihre Idee! Viele Gründer sind gradezu paranoid, was einen möglichen Geschäftsidee-Klau betrifft. Natürlich sollten Sie nicht gleich alles herumerzählen. Aber die unterschiedlichen Meinungen und neuen

Erkenntnisse aus einigen wohlüberlegten Gesprächen sind dieses kleine Risiko mehr als wert. Dazu kommt, dass dieselbe Geschäftsidee, je nach Gründerpersönlichkeit, zu völlig unterschiedlichen Ergebnissen führen wird.

5. KOMMITMENT Sie haben einen genauen Plan und der sagt: es klappt. Sie haben mit Ihren wichtigsten Menschen gesprochen und die sagen: es klappt. Sie sind sicher: es klappt. Ihr Partner und Ihre Familie stehen hinter Ihnen und sagen: es klappt. Dann müssen Sie auch anfangen, denn wenn Sie ewig nachforschen, werden Sie irgendwann verrückt. Also angenommen, Sie möchten eine kleine Kreativagentur mit Design-Schwerpunkt gründen. Auch wenn der Markt vielleicht aktuell wieder eher verspielte, handgemachte Designs verlangt – wenn Sie wissen, Ihre Leidenschaft und Kompetenz liegt in eher kühlem Screendesign und digitaler Technik, dann bleiben Sie dabei.

6. GELD & FINANZIERUNG Das ist ein sensibles Thema, daher gehe ich bei diesem Punkt ins Detail. Viele Firmengründer in der Kreativbranche sehen Geldverdienen als lästige Nebenpflicht. Sie wollen vor allem *schöne Arbeit* machen und die Kreation genießt die oberste Priorität. Das ist auch gut so – solange die alleroberste Priorität lautet: nicht Pleite gehen! Der Modeschöpfer Bent Angelo Jensen hat sich mit seiner Firma *Herr von Eden* jahrelang ausgelebt und wurde von allen Seiten für seine Kreationen gelobt – bis er plötzlich insolvent war. Heute sagt er: »*Ich bin mehr denn je darauf fokussiert, Geld zu verdienen. Ich will nie wieder in diese Ohnmachtssituation kommen.*«

Und darum geht es: Geld bedeutet kreative Freiheit. Wenn Sie genug Geld haben, müssen Sie sich nicht mit Leuten auseinandersetzen, die Ihnen Geld leihen. Ganz einfach.

Und niemand leiht Ihnen einfach so Geld, weil er *an Ihre Sache glaubt* oder Ihre Arbeit toll findet. Es nennt sich schließlich Investition und nicht Spende. Geliehenes Geld verfolgt immer seine eigenen Ziele. Und die decken sich nicht unbedingt mit Ihren.

Falls Sie mit dem Gedanken liebäugeln, einfach jemanden zu engagieren, der sich mit Finanzen auskennt, damit Sie sich selbst *nur* um die Kreation kümmern können, kann ich Ihnen nur raten: Tun Sie's nicht, denn Sie werden es bereuen. Ich kenne mehrere Kreative, die von ihrem *Partner* über den Tisch gezogen wurden. Wenn einer mit Ansage nie auf die Zahlen guckt, ist es für den anderen sehr verlockend, mehr für sich abzuzweigen. Gelegenheit macht Diebe. *Sie* sind Gründer und Chef und müssen über jeden Bereich Ihrer Firma informiert sein. Sonst treibt der vernachlässigte Bereich bald sein Eigenleben. Vergessen Sie nicht, dass Ihr Buchhalter bzw. Controller nur Ihr Angestellter ist. Wenn er Ihre Firma in Schulden manövriert, sind das Ihre und nicht seine.

Wenn Sie partout nichts mit Buchhaltung und Bilanzen zu tun haben wollen, gibt es auch eine Lösung: Machen Sie sich nicht selbstständig. Denn ohne unternehmerisches Denken und ein Gefühl für Geld sind Sie in Ihrer eigenen Firma nur so lange glücklich, bis Sie Insolvenz anmelden.

Keine Angst vor Buchhaltung – die kann wirklich jeder. Denken Sie einfach daran, dass jede Firma da draußen, vom Weltkonzern über den Klempnerbetrieb bis zum Döner-Imbiss seine Finanzen im Griff hat. Wenn Sie sich damit beschäftigen, werden Sie das auch verstehen. Und es gibt Steuerberater, Coaches, Bücher, Fortbildungen und Websites, die Sie zu allem fragen können.

Gefährlich ist es nur zu glauben *das läuft schon*. Denn dann läuft das Geld gerade weg. Keine Firma steckt *plötzlich* in den Schulden – das passiert nur, wenn vorher der Verantwortliche nicht hingesehen hat. Geld ist wie ein kleines Kind, auf das Sie ständig aufpassen müssen.

Aber bevor Sie sich um ihr Geld kümmern können, müssen Sie erst welches haben – oder besorgen. In den letzten Jahren hörte man viel von Risiko-Investoren, Business Angels, Venture Capital, Gründer-Wettbewerben, Start-up-Fernsehshows, Inkubatoren, Crowdfunding etc., um den Traum der eigenen Firma zu finanzieren.

Wer jetzt vor lauter Trends gar nicht mehr weiß, welche Million er als Erstes nehmen soll, dem sei zur Beruhigung gesagt: Nur wenige Gründer wählen überhaupt so eine Option. Die häufigste Form der Finanzierung ist laut einer Studie der KfW-Bank nämlich das gute alte Sparschwein: 58 Prozent der Firmengründer nutzen Geld aus ihren Ersparnissen. Das gibt natürlich keine flotte Schlagzeile her, daher hört man so selten davon (oder nennt es *Bootstrapping*, was nichts anderes bedeutet, aber topmodern klingt). Fremdfinanzierungen überschneiden sich häufig und setzen sich zusammen aus: Bankdarlehen (45 Prozent), Darlehen von Bekannten oder Verwandten (39 Prozent), Zuschüssen der Agentur für Arbeit (32 Prozent), Zuschüssen der KfW-Bank, der Länder (32 Prozent) oder einfach Kontokorrentkrediten bzw. dem Kreditrahmen der Kreditkarte (21 Prozent).

Übrigens haben 47 Prozent aller Gründer, die Fremdkapital gebraucht haben, sich nur 1.000–5.000 Euro geliehen. Die zweitgrößte Gruppe (29 Prozent) brauchte 10.000–25.000 Euro. Und nur 8 Prozent brauchten über 50.000 Euro. Abseits der gigantischen Zahlen aus der Presse ist die Welt also doch noch nicht ganz verrückt geworden.

Bei der Finanzierung *Ihrer* Firma sollten sie übrigens ganz besonders darauf achten, dass es auch Ihre Firma bleibt. Investoren sind manchmal ein einfacherer Weg als ein Bankdarlehen, aber für ihr höheres Risiko verlangen sie auch Teile Ihrer Firma. Das können nur 10–30 Prozent sein oder weit mehr. Oft möchte der Investor genau so viel, dass er mitreden kann – und das wird er. Überlegen Sie sich vor Ihrer Gründung also sehr gut, ob Sie das wollen. Wenn Sie hier nicht aufpassen, werden Sie schnell zum Angestellten in Ihrer eigenen Firma. Genauso tückisch sind die oft niedrigen Zinssätze oder Fördertöpfe. Viele Gründer übernehmen sich maßlos und vergessen vollkommen, dass jeder Cent zurückgezahlt werden muss und dass der niedrige Zins nur für eine vereinbarte Laufzeit gilt.

Vielleicht brauchen Sie aber auch gar keine Finanzierung. Zumindest nicht ganz zu Anfang. David Heinemeier Hansson, Entwickler von Ruby on Rails und Gründer von Bootcamp drückt es so aus: *»Alle reden nur noch über Investoren. Momentan ist keiner mehr damit zufrieden, ein Teil des Marktes zu sein – nein, er muss dominiert werden! Das Universum muss beherrscht werden! Das Internet ist die großartigste Plattform für Gründer, die je erfunden wurde. Geringe Eintrittsbarrieren, gigantische Reichweite, unendliche Möglichkeiten. Glauben Sie nicht an die Wand aus Geld, die dem angeblich im Weg steht. Sie ist nicht da. Prüfen Sie Ihre wahre Motivation, nehmen Sie kein Geld, wenn Sie nicht wollen, und gründen Sie etwas Erfolgreiches!«*

7. GENÜGSAMKEIT Halten Sie den Ball flach. Viele Agenturen entstanden an einem Küchentisch. Schließen Sie keinen Mietvertrag auf mehrere Jahre ab, wenn Sie ihn nicht wirklich brauchen.

8. BENENNUNG Ein guter Name ist kurz, eingängig und einfach auszusprechen. Wenn Sie Ihren Namen am Telefon ständig buchstabieren müssen, ist das mit der Zeit nicht nur nervig, sondern auch etwas aufgesetzt. Idealerweise ist er auch international einsetzbar und die .com-Domain ist noch zu haben.

9. ZUSAMMENARBEIT Coworking Spaces sind ein sinnvoller nächster Schritt. Nicht nur wegen der geringen Kosten und flexiblen Kündigungsfristen, sondern auch wegen der Leute. Sie sitzen inmitten von dutzenden Gründern und Selbstständigen. Das ist nicht nur sehr inspirierend – mit etwas Glück finden Sie hier sogar Ihre späteren ersten Angestellten oder sogar Partner.

10. EQUIPMENT Sie brauchen eigentlich nicht viel: Stuhl, Schreibtisch und Laptop. Aber das sollte perfekt sein. Denn wenn Sie wochenlang in gebeugter Haltung über einem kleinen Laptop-Monitor hängen, wird der schlimmste Feind Ihrer Firma kein Konkurrent, sondern Ihr Rücken. Schaffen Sie sich ein Umfeld, in dem Sie sich wohlfühlen.

11. SUPPORT Falls Sie sich mit Ihrer IT nicht sehr gut selbst auskennen, brauchen Sie jemanden, der es kann. Ein Hotline-Service kann Ihnen am Tag vor einer wichtigen Präsentation viele Stunden Panik ersparen. Cloud-Server (wie Dropbox oder GoogleDrive) sind sicherer als ein Stapel Festplatten.

12. INHABERSCHAFT Gehen Sie zum Anwalt. Lassen Sie Ihre Firma schützen. Inhaltlich wird das bei Agenturen eher schwierig, aber Name oder Logo sollten Ihnen gehören. Idealerweise ist beides bald einiges wert und dann ist es ein beruhigender Gedanke, dass es wirklich Ihnen gehört.

13. BRANDING Jakob Berndt, der Gründer von Lemonaid und Charitea sagte zu mir, dass es ohne das herausragende Packungsdesign seine Firma vermutlich schon gar nicht mehr geben würde. Als kleine Designagentur sitzen Sie hier theoretisch an der Quelle, aber nicht wenige Designfirmen haben die eigene CI trotzdem extern gestalten lassen, weil sie zur eigenen Marke keinen Abstand hatten. Bevor Sie also Wochen und Monate an Ihrem Logo *herumpopeln*, gönnen Sie sich einen externen Vorschlag. Sie müssen es ja später keinem erzählen. Oder Sie beweisen, dass Sie professionell denken können, genau weil Sie für Jobs, in denen Sie zu involviert sind, andere vorlassen.

14. KORRESPONDENZ Investieren Sie in eine vernünftige und liebevolle Geschäftsausstattung. Visitenkarten, Briefpapier und Typoauswahl sagen unglaublich viel über Sie aus. Menschen sind oberflächlich. Oft sagt ein präzise gefalteter Brief mit schickem Briefkopf und auf hochwertigem Papier mehr über Sie und Ihre Firma aus als der Inhalt.

15. WERTE Definieren Sie die Markenwerte – für was stehen Sie und Ihre Firma? Würden Sie auch die Website eines Rüstungskonzerns gestalten? Oder einer Tabakfirma? Oder eines Fleischgroßhändlers? Oder einer Partei? Nehmen Sie an Pitches ohne Bezahlung teil? Zahlen Sie faire Gehälter?

Besser Sie ziehen die Grenze, bevor Sie vor der konkreten Entscheidung stehen. Sie müssen diese Werte übrigens nicht jedem ins Gesicht schreien – es reicht, wenn Sie und Ihre späteren Mitarbeiter sie kennen.

16. PERSONAL Einer der sensibelsten und kritischsten Punkte – die ersten Mitarbeiter. Auch wenn die Bewerber die richtigen Sätze sagen und die richtigen Skills mitbringen, achten Sie vor allem darauf: Sind sie nett? Also passen Sie menschlich und kulturell zueinander? Können Sie sich auf sie verlassen, wenn es hart auf hart kommt? Sind sie hungrig auf Neues und verteidigen ihre Haltung auch Ihnen oder Ihren Auftraggebern gegenüber? Anselmo Ramos von David Miami fragt einfach: »*Sind sie interessant? Eine einzigartige kreative Firmenkultur lebt von unterschiedlichen Perspektiven und Interessen.*« Das ist das Kaliber, was Sie nicht nur brauchen, sondern das Sie und Ihre Firma auch weiterbringt! Wenn Sie genug solcher Leute haben, kann beinahe nichts schiefgehen.

Vorausgesetzt, Sie sind auch ein guter Chef – und an dieser Stelle driften die Definitionen weit auseinander. Für die alte Führungsschule sind Angst und Druck durchaus bewährte Motivatoren. Wer aber heute so was versucht, steht schnell alleine da. Meiner Erfahrung nach haben sich vor allem zwei Dinge bei der Team-Motivation bewährt: *Reden* und *konstruktive Kritik*.

Viele Chefs verteilen nur Aufgaben, ohne zu kommunizieren, warum. Also nicht so: *Weil der Kunde das bis Mittwoch will! Los! Rock'n'Roll!* Sondern eher: *Das, was wir bis Mittwoch machen, ist nur der erste Schritt. Denn daran hängt Projekt XY, mit dem wir uns im Markt so und so positionieren, die coole XY-Technologie nutzen und dazu noch tausenden Kunden bei Problem XY helfen. Fragen?* Reden ist manchmal eben doch Gold. Im Job sogar fast immer.

Zur konstruktiven Kritik gehört vor allem das Lob. Angenommen, Sie stecken bereits tief in einem Thema und schauen auf den neuen Vorschlag eines Mitarbeiters – was sehen Sie? Alles, was (*noch*) nicht stimmt! Der Trick besteht jetzt ganz einfach darin, trotzdem zuerst das Positive zu loben. Selbst wenn Sie sich im Kopf schon eine ganze Liste an Änderungswünschen zurechtlegen, lässt ein kurzes Lob die gesamte Abstimmung anders verlaufen. Denn jeder, der seine Arbeit präsentiert, erwartet vor allem Lob. Kommt es gar nicht, geht man in Verteidigungshaltung – und lässt Kritik nicht oder nur widerwillig an sich heran. Endlose Diskussionen sind vorprogrammiert. Loben Sie zuerst die positiven Dinge, fühlt sich Ihr Mitarbeiter nicht nur wertgeschätzt und respektiert, sondern merkt sich, was gut war. Man lernt schließlich nicht nur aus Fehlern (was sehr deprimierend wäre). In solch einer Atmosphäre kritisiert es sich deutlich einfacher – und effizienter. Formulieren Sie nicht nur das Problem, sondern schlagen Sie eine mögliche Lösung vor. Seien Sie konstruktiv.

Jetzt wirkt Kritik eher wie ein wohlgemeinter Verbesserungsvorschlag, bei dem Sie die Kompetenz und Motivation Ihres Mitarbeiters weiterhin nutzen. Ein stumpfer Befehl wird dagegen *nur* 1:1 ausgeführt. Das kann manchmal sinnvoll sein – auf lange Sicht ist es nicht nur demotivierend, Sie lassen auch viel Potenzial ungenutzt.

17. MARKETING Sie kennen Ihre Zielgruppe – jetzt überlegen Sie, wie Sie sie erreichen. Machen Sie einen Marketingplan. Und zwar einen kosteneffizienten. Eine einfache Website ist Pflicht. Idealerweise beweisen Sie die Fähigkeiten Ihrer Firma mit Ihrem eigenen Marketing.

18. PR Sie brauchen keinen PR-Experten – Sie sind aktuell die beste Person der Welt, wenn es darum geht, die Idee hinter Ihrer Firma zu erklären. Journalisten müssen die Leidenschaft in Ihrer Stimme hören – dann springt das Feuer über.

19. PARTY Neben Marketing und PR sind es die einfachen Dinge, die bei der Neugeschäfts-Akquise am besten funktionieren – allen voran: Krach! Machen Sie eine Einweihungsparty für Ihre Zielgruppe und potenziellen Mitarbeiter. Nichts spricht sich in der Branche schneller rum als eine gute Party. Und mit den ganz wichtigen Auftraggebern können Sie auch schick essen gehen und je nach Laune weiterziehen.

20. NETWORKING Laden Sie Leute zum Essen ein. Gehen Sie auf Branchenevents. Sparen Sie nicht an Visitenkarten. Ich nenne es gern *Biertrinken und über Arbeit reden*. Das sind die Dinge, aus denen die meisten Aufträge entstehen. Mit Abstand.

21. REPUTATION Das zweitwichtigste Mittel zur Akquise ist Mund-zu-Mund-Propaganda. Quasi das ursprüngliche Social Media Networking. Leute werden über Sie reden. Sorgen Sie dafür, dass diese Gespräche so laufen, dass der andere unbedingt mal mit Ihnen arbeiten will.

22. COMMUNITY In Designfragen macht Ihrer Agentur keiner etwas vor – aber was, wenn ein treuer Auftraggeber plötzlich anspruchsvolle Digital-Skills von Ihnen erwartet? Suchen Sie sich Partnerfirmen, die Ihre Werte teilen und denen Sie vertrauen. Am besten, Sie klären so etwas schon im Voraus, dann lässt es sich etwas entspannter verhandeln als im akuten Auftragsstress.

23. EINFACHHEIT Lesen Sie nicht zu viel Fachliteratur – machen Sie Ihr Ding! Viele Business-Bücher gehen so tief ins Detail, dass Sie vor lauter Komplexität das eigentliche Ziel aus den Augen verlieren – oder noch schlimmer: den Spaß an der Sache.

24. KONSISTENZ Definieren Sie Markenwerte, damit Sie sich auch nach Jahren der harten Arbeit immer wieder auf sie zurückbesinnen. Denn im Alltagstrubel und im Angesicht eines gut dotierten Angebots wird eine Marke oft aufgeweicht – bis nichts mehr von ihr übrig ist. Achten Sie darauf, dass sich zumindest die meisten Arbeiten für Ihre Website eignen und Ihre Werte ausstrahlen.

25. MENTOR Jeder Kreative braucht einen unabhängigen Mentor. Eine Person, an die Sie sich wenden können, wenn es schwierig wird, Sie sich unsicher sind oder die nächste Entwicklungsstufe ansteht. Häufig finden Sie so jemanden in der Festanstellung. Falls Sie schon ein kreatives Idol haben, können Sie auch versuchen, den Kontakt herzustellen (auf Events, via Social Media etc.) und ihn zu befragen. Mit guten Argumenten und etwas Glück gewinnen Sie auf diesem Weg Ihren Mentor.

26. RE-INVESTITION Stecken Sie Erträge wieder in Ihre Firma. Und zwar jedes Jahr – auch in den schlechten. Ihre Firma muss immer erfolgreich wirken, sonst wenden sich Auftraggeber und Mitarbeiter schnell ab. Außerdem sorgen Sie so für konstantes Wachstum.

27. RELAUNCH Ihre Website hat nach einigen Jahren vermutlich eine Renovierung nötig. Achten Sie darauf, dass Ihre Seite stetig aktualisiert wird, sonst verschwindet sie langsam aus der Suche.

28. EXPANSION Je größer Ihre Firma wird, desto mehr müssen Sie auf sich selbst achten. Ihre persönliche Gesamtenergie wird vermutlich einfach nicht mehr ausreichen, jeden zufriedenzustellen. Sie können sich irgendwann nicht mehr um alles selber kümmern und *müssen* delegieren. Aber achten Sie darauf, dass Sie Ihre Firma nie aus den Augen verlieren. Schnell sind Werte und Kultur vergessen. Daher konzentrieren sich ältere Gründer häufig vor allem auf die Firmenkultur, denn das Tagesgeschäft haben andere im Griff.

29. ERFORSCHUNG Schauen Sie über den Tellerrand. Ihre Arbeit kommt in Deutschland gut an, aber in China wäre sie sensationell? Sie wollten schon immer mit diesem Brasilianischen Motion-Graphics-Experten arbeiten? Machen Sie's! Fliegen Sie hin! Erweitern Sie Ihren Horizont. Märkte sind größer, als wir im Tagesgeschäft denken.

30. ENTLASSEN Trennen Sie sich von Mitarbeitern, die einen miesen Job machen. Das ist der härteste Teil Ihres Jobs als Firmengründer. Aber auf lange Sicht besser, als Ihre Marke und Arbeit in Verruf zu bringen oder den eigenen Spaß an der Sache zu verlieren.

31. ASSISTENZ Haben Sie Ihren Arbeitstag damit verbracht, Flugtickets zu buchen, Farbdrucker zu reparieren und Urlaubsanträge zu diskutieren? Dann stellen Sie einen Assistenten ein. Das gibt Ihnen Zeit für die Dinge zurück, in denen Sie wirklich gut sind.

32. DIVERSIFIKATION Angenommen, Sie haben eine bekannte Designagentur erschaffen. Vielleicht ist es Zeit für ein Design-Game? (Hat zum Beispiel die Firma Ustwo mit dem Spiel *Monument Valley* vorgemacht.) Oder eine Design-Produktlinie? (Wie KOREFE mit der *Deli Garage*.) Sie haben mittlerweile sicher einige Experten im Team, die sich in neuen Bereichen austoben wollen.

33. ZURÜCKZIEHEN Veranstalten Sie Events außerhalb der Firma. Fahren Sie mit Ihrem gesamten Team zwei Tage in ein schönes Hotel am Meer oder in den Bergen. Dort werden Freundschaften vertieft oder neu geschlossen. Sie können natürlich auch Rollenspiele und Vorträge veranstalten, aber eigentlich haben alle mehr davon, wenn sie sich einfach mal in Ruhe unterhalten können.

34. VERGRÖSSERN Irgendwann bekommen Sie einfach keinen Schreibtisch mehr reingequetscht und Ihr Geschäftskonto ist passenderweise grade prall gefüllt – dann müssen neue Räume her. Vergessen Sie auch jetzt nicht Ihre Markenwerte. Den höchsten Turm hatten erfolgreiche Unternehmen zuletzt in den 8oer Jahren.

35. FEIERN Bei großen Erfolgen oder einfach an Weihnachten – lassen Sie die Korken knallen! Feiern Sie Ihr Team, Ihre Arbeit und sich selbst. Das macht nicht nur Spaß, es motiviert auch ungemein.

36. AUSRUHEN Machen Sie Urlaub. So richtig. Legen Sie sich in die Sonne, den Kopf voller Ideen, was Sie mit Ihrer Firma als nächstes vorhaben, und denken Sie sich: *Ich habe meine eigene Firma! Ich bin mein eigener Chef und ich liebe, was ich da mache!*

START ALS FAMILIE Viele wichtige Entscheidungen im Leben können Sie alleine treffen. Diese nicht. Sie *müssen* sich mit einem Partner einig sein. (Und idealerweise für länger als eine Nacht.) Angenommen, Sie haben den richtigen Partner gefunden, die wichtigsten Fragen (siehe entsprechendes Kapitel) sind geklärt und Sie möchten Ihre gemeinsame Zukunft *mit* Kindern verbringen. Wenn jetzt noch die Biologie stimmt, steht der erfolgreichen Familiengründung nichts mehr im Weg.

Wie das genau funktioniert, überlasse ich mal Ihnen – aber für die konkrete *Gründungsphase* danach versuche ich den Nebel zu lichten. Da es unzählige Möglichkeiten und Optionen dafür gibt, konzentriere ich mich auf die *typischen und praktischen Bestandteile* in Deutschland. Individuelle Anpassungen entscheiden Sie natürlich – wie immer – für sich.

Mit einem positiven Schwangerschaftstest und einem Termin beim Frauenarzt geht es meist los. In den ersten Monaten müssen sich (besonders festangestellte) Frauen langsam entscheiden, wann Sie offen mit ihrer Schwangerschaft umgehen. Eine gesetzliche Vorgabe gibt es dafür nämlich nicht. Die meisten *outen* sich nach dem dritten Monat, wenn die Schwangerschaft als sicher gilt. Irgendwann sieht es schließlich eh jeder. Sobald Sie es in der Festanstellung sagen, gilt für Sie das Mutterschutzgesetz, was Sie praktisch unkündbar macht – und zwar trotz Probezeit und sogar dann, wenn Sie Ihre Schwangerschaft beim Bewerbungsgespräch verschwiegen haben. Das ist trotzdem wenig ratsam, denn der Kündigungsschutz endet vier Wochen nach Geburt (oder bei einer Fehlgeburt sofort).

Wenn Sie Ihrem Job noch länger nachgehen möchten, sollten Sie das Thema fair und professionell besprechen. Lassen Sie sich einen längeren Termin mitten in der Woche geben, sodass Sie nicht nur die Schwangerschaft verkünden können, sondern auch die konkreten Vorstellungen bezüglich Ihrer Rückkehr (sofern gewünscht). Dann merkt auch der größte Familienmuffel, dass hier eine professionelle und motivierte Arbeitskraft ist, die besser weiter sinnvoll eingesetzt werden sollte. Und wenn Sie merken, dass es trotzdem auf eine Art *Wegverwalten* hinausläuft, sollten Sie nach einem familienfreundlicheren Arbeitsplatz Ausschau halten. Unter Kreativen endet diese Suche nicht selten bei Freelance. Denn als Selbstständiger müssen Sie Ihre Arbeitszeit vor allem mit Ihrem Partner oder einer Kinderbetreuung regeln – Ihrem Auftraggeber oder Ihren Kunden ist das egal.

Während Sie Ihren Job und Ihre berufliche Zukunft organisieren, bekommen Sie vom Frauenarzt meist schon den *Mutterpass*, in dem jede Menge Untersuchungs-Termine und Arzt-Notizen bis zur Geburt stehen. Sie selbst müssen sich nur noch eine *Hebamme oder ein Krankenhaus suchen*, das Ihren persönlichen Vorstellungen einer schönen Geburt entspricht. Danach bekommen Sie im Krankenhaus oder vom Kinderarzt das *U-Heft*. Dieses Heft begleitet Sie die ersten fünf Jahre. Im ersten Jahr gibt es sechs Untersuchungen (U1 bis U6) und dann jedes Jahr eine (U7, U7a, U8 und U9). Väter erkennen vermutlich Ähnlichkeiten zu einem Auto-Checkheft (übrigens kommt meiner Erfahrung nach dieser Vergleich bei jungen Müttern nicht so richtig gut an).

Erledigen Sie am besten so viel wie möglich vorher, denn wenn das Baby erst mal da ist, werden die Tage plötzlich sehr kurz. Und ja, damit sind vor allem Formulare gemeint. Die wichtigsten sind Elterngeld, Elternzeit, Kita-Gutschein und Kindergeld. Das finden Sie alles auf der erstaunlich gut sortierten Website des Familienministeriums *Familien-Wegweiser.de*.

Das Elterngeld wird von Ihrem letzten Jahresnetto berechnet, daher kann für Festangestellte ein Wechsel der Steuerklasse sinnvoll sein – oder für Selbstständige ein besonders engagiertes Jahr. Das können Sie auf der genannten Website genau berechnen. Hier können Sie auch Ihr Anrecht auf einen *Kita-Gutschein* klären oder wie er im feinsten Amtsdeutsch wirklich heißt: der *Antrag auf Übernahme von Kinderbetreuungskosten* (für die Google-Suche ganz praktisch). Dabei können Sie prüfen, ob es den in Ihrer Stadt gibt bzw. wie man dort sonst an einen Platz in einer Krippe kommt. Um die Geburtsurkunde kümmern Sie sich übrigens meist erst im Krankenhaus – dann hat auch der wartende Vater was Sinnvolles zu tun.

Mit einem kleinen Baby zuhause werden Sie merken, wie nützlich und beruhigend die Hilfe anderer Menschen ist. Idealerweise wohnen Sie in der Nähe Ihrer Familie und können Eltern und Großeltern mit einspannen. Wenn nicht, fragen Sie Babysitter, Kita, Tagesmütter oder Freunde. Hier gilt im wahrsten Sinne: viel hilft viel.

Sie können sich natürlich auch selbst helfen. Besuchen Sie beispielsweise einen *Baby-Erste-Hilfe-Kurs* in Ihrer Nähe. Der ist nicht nur fürs Baby empfehlenswert, sondern grundsätzlich. Kleiner Test: Würden Sie Ihrem letzten Erste-Hilfe-Kurs, den Sie vermutlich mit 17 und latent lustlos für den Führerschein absolviert haben, weiterhin ein Leben anvertrauen? (Genau das dachte ich mir dann auch.)

Zum Thema Selbsthilfe gibt es außerdem noch unzählige Bücher, Magazine und Websites. Allgemein gehalten und dazu noch kostenlos sind die Infohefte der Bundeszentrale für gesundheitliche Aufklärung. Unter *bzga.de/infomaterialien* finden Sie viel Hilfreiches (wie beispielsweise die Infosammlung *Das Baby*).

Darüber hinaus gibt es 1.000 Meinungen, die alle für irgendjemanden richtig sind. Suchen Sie sich Vorbilder. Andere Eltern, die Sie schätzen oder cool finden – und die fragen Sie einfach! Erfahrungsgemäß sprudeln Tipps und Ratschläge aus jungen Eltern nur so heraus. Auch Einkaufstipps für die Erstausstattung sind Gold wert.

Damit sind Sie insgesamt gut ausgerüstet. Wie bei jeder anderen Gründung auch, gilt: Machen Sie sich nicht verrückt!

Denn bei aller *Kinder-Organisation* sollten Sie eine enorm wichtige Sache nicht vergessen: und zwar Ihren Partner. Viele Eltern investieren so viel Liebe in ihre Kinder, dass für die Partnerschaft keine mehr übrig bleibt. Das wäre sehr schade, denn Ihre Kinder leben etwa 20 Jahre mit Ihnen – Ihr Partner hoffentlich länger. Ein bekannter Hebammen-Spruch lautet Entspannte Eltern haben entspannte Kinder. Das klingt zwar nach einigen durchwachten Nächten wie der blanke Hohn, funktioniert aber tatsächlich. Der Neurologe Oswald Bumke sagt: »*Erziehen heißt vorleben. Alles andere ist Dressur.*«

Sie bekommen das schon hin. Sie sind schließlich Kreativer!

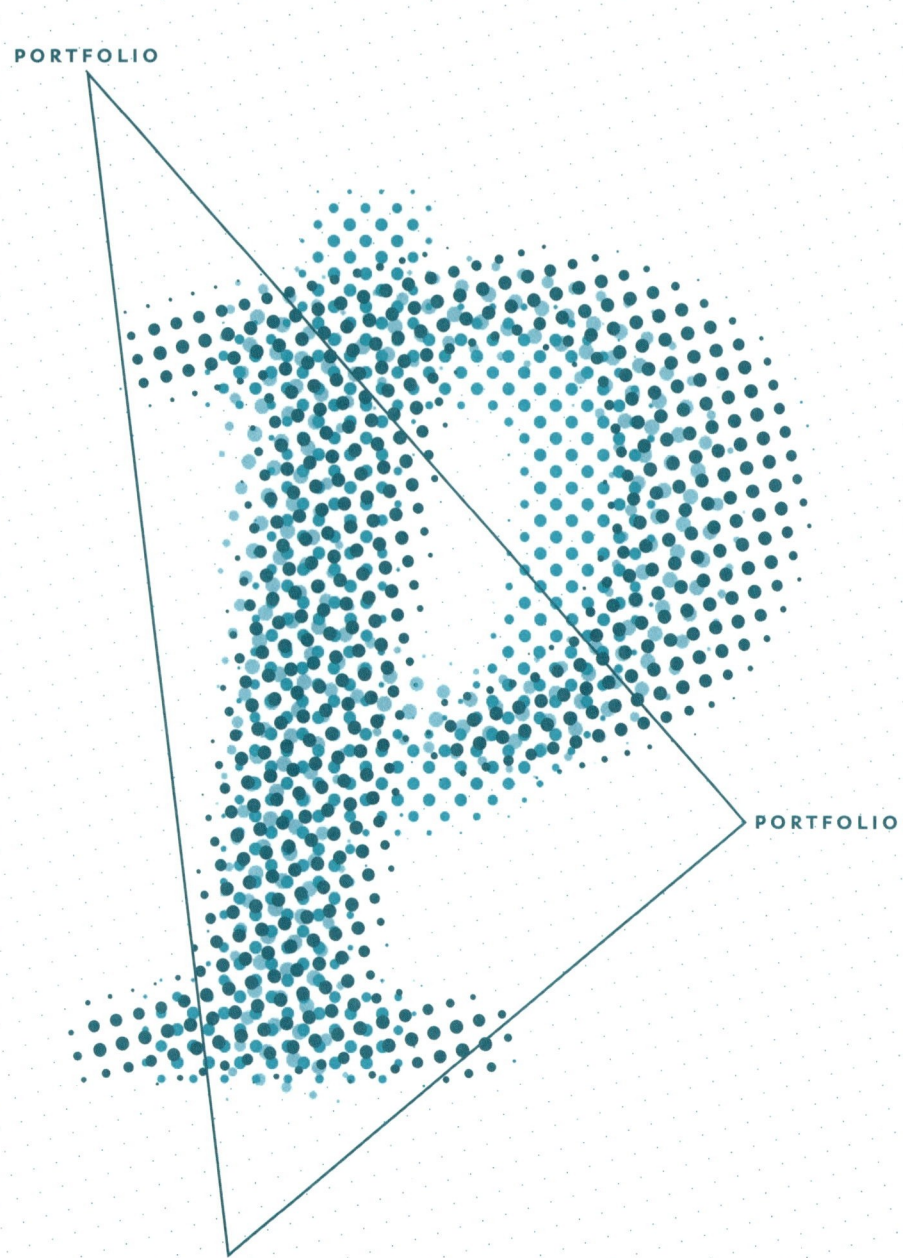

PORTFOLIO

PORTFOLIO

PORTFOLIO

KAPITEL 5

PORTFOLIO, PORTFOLIO
&
PORTFOLIO

Nach diesem Kapitel
haben Sie das perfekte Portfolio.

Ihre wichtigste Präsentation machen Sie nicht für Kunden, sondern für sich selbst. Hier geht's um Ihr Portfolio – in jeder möglichen Form: analog, digital, in Social Media oder als reines Text-Anschreiben. Alles, was hilft, Sie und Ihre Arbeiten bestmöglich zu verkaufen. Oder auch einfach als Wertschätzung für die eigene Arbeit.

WAS IST EIN PORTFOLIO? Das Portfolio ist die wichtigste Währung in der Kreativbranche. Es überstrahlt alles. Auch Ihre Zeugnisse, Diplome oder sonstigen Auszeichnungen. Ich wurde in 15 Jahren in der Branche exakt einmal nach meinen Zeugnissen gefragt, und das war für meine Ausbildungsstelle zum Werbekaufmann. Dann nie wieder. Wer Ihre kreative Leistung beurteilen soll, braucht auch nichts anderes. Ihr Portfolio ist der Beweis für Ihre Kreativität. Das geschulte Auge eines Kreativdirektors oder -chefs erkennt sofort Ihre Stärken und Schwächen. Und Ihr Portfolio spiegelt auch Ihre Ziele und Werte wider. Denn nicht nur die Inhalte, sondern auch die Aufbereitung sagt viel über Sie aus. Opulent oder schlicht, analog oder digital etc. Im Portfolio können Sie Ihre Arbeiten bestmöglich präsentieren. Sie können selbst kleine Details, die sonst niemandem außer Ihnen auffallen, betonen. Das Portfolio ist Ihre persönliche Markenkampagne. Ihr Imagefilm, Ihr Schaufenster, Ihr Aushängeschild & Ihre Einladung an Auftraggeber. Mit einem hervorragenden Portfolio finden Sie praktisch immer einen (neuen) Job.

PORTFOLIOARTEN & -MEDIEN Viele Portfolios erkennt man auf den ersten Blick gar nicht als solche. Wenn Sie Musiker sind, ist Ihr Portfolio vielleicht ein Album (oder eine Diskografie). Als Fotograf ist eine Vernissage quasi Ihr begehbares Portfolio. Und falls Sie zufälligerweise einen gigantischen Kreativ-Konzern leiten, sind die eingekauften Firmen ihr Portfolio.

Aber die allermeisten Kreativen haben ein *klassisches* Portfolio. Darin werden die besten Arbeiten auf eine saubere und verständliche Art präsentiert. Auf Papier oder Displays. Gerne auch gemischt, aber den Löwenanteil macht Display aus. Tablets haben sich nicht wirklich bewährt (zu klein, zu wackelig, zu viele Finger im Bild), also finden die meisten Portfolio-Präsentationen immer noch auf Laptops statt.

Die einfachste Möglichkeit dafür sind PowerPoint- oder Keynote-Präsentationen, die aufwendigere Variante ist eine Website. Und auch die Variante *Website* können Sie von einfach (zum Beispiel Tumblr-Blog, Behance, Squarespace etc.) bis aufwendig (zum Beispiel selbst gehostete WordPress-Seite) gestalten.

Wie bei jeder kreativen Arbeit ist es Ihre Entscheidung, wie einfach oder aufwendig, modern oder klassisch, schlicht oder verspielt, digital oder analog es sein soll. Hier eine grobe Übersicht der Möglichkeiten:

PORTFOLIOARTEN und Ihr Aufwand

Portfolio \ Aufwand	gering	mittel	hoch
ANALOG			
Print	Ungestaltete, lose A4-Ausdrucke	Mappe mit gestalteten A4-Seiten	Gebundenes und gestaltetes Buch/Heft
Haptisch	Give-away, Flyer, Postkarte …	Magazin, Katalog …	Installation, Aufbau, interaktiv (analog)
DIGITAL			
PowerPoint / Keynote	Standardvorlage	Eigene Gestaltung (durchgehendes Konzept)	Eigene Gestaltung inkl. Animation und Filmen
Social Media	Fast leere Profile	Vollständige Profile mit Arbeitsbeispielen	Aktive Profile mit eigenen Inhalten und Interaktionen
Website	Einfache Standardvorlage (WIX, Tumblr-Blog, …)	Spezialisierter Anbieter (Behance, Prosite, CargoCall, …)	Eigene Website (z. B. WordPress-Template)
Haptisch	DVD mit Give-away	Touch-optimiertes Portfolio (auf großem Tablet o. Ä.)	3D-Portfolio per VR-Brille

SOCIAL MEDIA Wenn Sie die Kanäle richtig nutzen, wird Social Media zum effizientesten Portfolio von allen.

Aber kaum lobt man die Möglichkeiten, kommen Skepsis und Unsicherheit dazu. Vor allem im datenschutzbewussten Deutschland. Wenn Sie Angst um Ihre Daten haben, grübeln, was USA und NSA damit machen könnten, oder einfach nicht von Werbung verfolgt werden wollen, empfehle ich eine einfache Kosten-Nutzen-Rechnung:

Auf der Kontra-Seite steht Ihre völlig berechtigte Skepsis und Unsicherheit. Auf der Pro-Seite steht zum einen die Tatsache, dass Xing, LinkedIn, Facebook, Twitter, Instagram, etc. nichts kosten (da alle werbefinanziert sind). Und zum anderen bestimmen *Sie*, welche Daten dort über Sie stehen. Wenn Sie kein privates Foto von sich dort sehen wollen, laden Sie keins hoch. Ganz einfach. Dann können Sie sich auch die Mühe sparen, die meist undurchsichtigen Privatsphäre-Einstellungen anzupassen. Viele Dienste setzen ohnehin fast alles automatisch öffentlich und das ist auch die transparenteste Regelung. Denn Sie wissen: Was dort steht, kann jeder lesen. Und es wird auch gelesen! Posten Sie keine brisanten Kundeninformationen oder Ideen und klären Sie Bildrechte sensibler Motive (beispielsweise direkt von einem Fotoshooting). Auch ein schneller Check-in bei einem Auftraggeber kann einem Konkurrenten unnötig viel sagen (und so ein Post ist dazu noch wenig unterhaltsam oder nützlich).

Entweder das macht Sie nervös oder Sie sagen sich: Fantastisch, das nutze ich! Denn Sie haben dort einen eigenen, kostenlosen PR-Kanal nur für sich und Ihre kreative Marke! Und Sie können sehr viel posten, ohne etwas Riskantes zu sagen.

Welche Plattform (oder wie viele) sich am besten für Ihre Arbeit eignet, merken Sie nach einigen Tagen Testlauf. Mit manchen Netzwerken werden Sie einfach nicht warm. Bei anderen geht alles ganz locker von der Hand. Für Designer, Illustratoren und Fotografen eignen sich Plattformen mit Bild-Schwerpunkt (z.b. Instagram). Digitalexperten und Programmierer halten sich gern dort auf, wo möglichst knapp geschrieben wird (Twitter), und die große Masse ist auf Facebook. Auf reinen Business-Portalen wie Xing oder LinkedIn sollten Sie mindestens ein einfaches Profil haben. Denn dort sind alle Personaler, Headhunter, Artbuyer und Einkäufer unterwegs. Für die sind diese Plattformen mittlerweile das wichtigste Arbeitsmittel, auf denen täglich gesucht wird. Xing ist relativ nüchtern und korrekt. LinkedIn, nun ja, nicht. Sehr amerikanisch ist die – für zurückhaltende Mitteleuropäer eher befremdliche – Empfehlungs- und Lob-Kultur. Viele schreiben sich (gegenseitig) überschwänglichste Lobeshymen *(Really awesome working with this super talented creative!)* und bestätigen auch gern pauschal alle Kenntnisse, die in Klickweite sind (immer mit dem hauchzarten Hintergedanken, dass es 1:1 erwidert wird). Aber es gibt natürlich keine Pflicht, dabei mitzumachen. Ein reines *Kontakt-Profil* mit Basisinformationen, damit potenzielle Auftrag- oder Arbeitgeber Sie erreichen können, reicht vollkommen.

Ein großer Vorteil eines sehr aktiven Profils (also eins, das Sie immer aktualisieren und auf dem Sie stetig Neuigkeiten posten) ist, dass Sie ständig im *Relevant Set* Ihrer Auftraggeber bleiben, sofern diese dort auch sind. Und so ganz nebenbei macht es auch einfach Spaß für seine Arbeiten oder Posts Bestätigungen in Form von kleinen Daumen oder Herzchen zu bekommen.

FÜNF MINUTEN Egal, ob Sie Ihr Portfolio für eine Festanstellung machen, als Freelancer oder für Ihre Firma – jeder überschätzt maßlos die Aufmerksamkeit, die ein Portfolio genießen wird. Besonders Firmen und Start-ups beschäftigen sich manchmal wochen- und monatelang mit ihrem Portfolio (fast immer ist das die eigene Website) und vernachlässigen dabei ihr eigentliches Angebot.

Sagen wir's, wie's ist: So interessant, dass sich andere Leute lange und detailliert mit uns und unserer Arbeit auseinandersetzen, ist fast niemand. Künstler wie Karl Lagerfeld vielleicht, aber die müssen auch niemandem mehr ihr Portfolio schicken.

Sie und ich bekommen fünf Minuten.

Höchstens.

Wirklich allerhöchstens.

Angenommen, Sie sind Kreativdirektor einer großen Design- oder Werbeagentur und bekommen ein Portfolio (in anderen Kreativ-Gewerken sieht diese Szene vermutlich ähnlich aus). Die Zeit läuft ab jetzt:

Die kleine rote Zahl an Ihrem E-Mail-Postfach zeigt 47. Bling. Jetzt 53. Noch zehn Minuten bis zur Präsentation. Klick. Klick. Klick. Gelesen. Gelesen. Gelesen. Die Portfolio-Mail ist dran. Mit Kommentar aus der Personalabteilung: *Interessant?* Sie denken sich: *Zu viel Text. Gibt's kein* PDF? Oh, *sogar zwei.* Klick auf das PDF namens Portfolio, das andere wird vergessen.

Erste Seite: Ein Name, sonst nichts. Anruf in der Personalabteilung. *Um was geht's hier überhaupt? Ah, Junior-Artdirektor. Zwei Minuten um.* Wieder ins PDF. Vollflächiges Bild von irgendwas. *Was ist das? Und wofür?* Steht da alles nicht. Nächste Seite. *Wow, Text!* Und zwar eine ganze Seite randvoll: *Im Rahmen meiner Praktikumsarbeit für die Werbe-*

agentur Gschaftelhuber & Partner in Bad Salzuflen beschäftigte ich mich eingehend mit dem Thema Dämmstoffe und den mannigfaltigen Möglichkeiten … Nächste Seite. Drei Minuten.

Wow! Eine hochprofessionell aufbereitete Idee, die sogar schon Preise gewonnen hat! Der schwache Start ist sofort vergessen. *Aber … was wurde konkret gemacht? Als Junior-Artdirektor macht man so was nicht alleine. Wer hatte die Idee? Wurde nur mitgeholfen?* Keine Erklärung, keine Credits. Skeptisch wird weitergekickt.

Vier Minuten. Nächste Seite.

Mehrere Anzeigen und Werbemittel sind lose auf einer Seite angeordnet. *Scheinbar Tagesgeschäft aus dem Praktikum. Nicht schön, aber solide.* Weiter.

Oh, ein Film! Klick darauf, aber nichts passiert. Dann sehen Sie den winzig kleinen Link darunter: http://www.youtube.com/Fhe5w… *vergiss es.* Jemand kommt hektisch ins Büro: *Komm! Geht los!* Sie nicken, klicken noch schnell durch die letzten Seiten und antworten auf die Mail der Personalabteilung: *Nein. Liebe Grüße!*

Das ist hart, aber die Realität. Und zwar nicht nur der gestresste Empfänger der Bewerbung, sondern leider auch die Portfolio-Qualität. Langweilige Texte, nervige Links, fehlende Infos – das kennt jeder Personalchef oder Kreativdirektor zur Genüge.

Überlegen Sie sich, wie der Empfänger Ihr Portfolio anschauen wird und welche Fragen er sich stellen wird. Vergessen Sie nicht:

- ▶ Der andere interessiert sich (im Moment noch) nur begrenzt für Sie.
- ▶ Sie haben höchstens fünf Minuten!

ANSCHREIBEN Jedes Portfolio beinhaltet zwei Klassiker: Anschreiben und Lebenslauf. Und gerade die Anschreiben treiben selbst erfahrenen Kreativen immer wieder den Schweiß auf die Stirn. Irgendwas lässt dabei freundliche Menschen zu Briefzombies mutieren. Plötzlich schreiben sympathische Kreative, die sonst völlig normal sind, Sätze wie: *Mit großem Interesse habe ich Ihre Anzeige auf dem Jobportal* XY *gelesen und sende Ihnen daher meine Bewerbungsunterlagen zu,* denn *dieser Beruf bereitet mir viel Freude.* Klingt das für Sie nach viel Freude? Oder großem Interesse? Warten Sie mit Ihrem *Nein* noch einen Satz, denn gegen Ende folgt fast immer das Unvermeidliche: *Habe ich Ihr Interesse geweckt? Über eine Einladung zu einem Bewerberinterview freue ich mich sehr.*

Versetzen Sie sich in Ihren Leser. In welcher Situation liest er Ihr Anschreiben? (Antwort: Nebenbei, mäßig interessiert und latent gestresst.) Hat er sehnlichst darauf gewartet? (Nein.) Bekommt er viele Schreiben dieser Art? (Ja.) Kennt er gängige Floskeln und Formulierungen? (Alle. Tausendfach.)

Googeln Sie nach *Bewerbungsschreiben Vorlage* und lesen Sie ein paar davon. Vermutlich deckt sich schon der zweite Text mit dem ersten. Jetzt wissen Sie, was verboten ist. Benutzen Sie keinen einzigen dieser Sätze.

Schreiben Sie einfach locker runter, warum Sie den Job haben wollen bzw. welche Leistung Sie anbieten und verkaufen wollen. Denken Sie nicht an einen anonymen Personalroboter, der Ihren Brief lesen wird, sondern an einen Menschen, dem Sie mit Ihrem Bewerbungsschreiben eine gute Zeit und Lust aufs Kennenlernen machen wollen. Natürlich ohne dass Sie sich dabei doof oder gar prollig und vulgär darstellen. Stellen Sie sich vor, ein guter Freund hat eine attraktive Firma gegründet und Sie wären eine große Bereicherung für ihn.

Von den Text-Handwerksregeln ist die Nummer eins: Fassen Sie sich kurz. Philipp Barth, mein Kreativdirektor bei Jung von Matt, nannte mir als Faustregel: »*Wenn du dir ganz sicher bist, dass du auf keinen Fall noch mehr kürzen kannst – dann kürzt du noch ein Drittel.*« Lesen Sie Ihren Text laut vor und stoppen Sie die Zeit. Erstens liest sich ein Text anders, wenn Sie ihn laut vorlesen, und zweitens merken Sie, wann es langweilig wird. Dagegen helfen Verben.

Das Verb ist der Muskel eines Satzes. Erst damit versteht der Leser, was der Satz eigentlich sagen will. Ein Satz ohne Verb. Merken Sie das? So ein Satz steht leblos im Text herum und Sie fragen sich warum. Ein Satz ohne Verb stinkt. Aha! Noch aktiver wird der Satz, wenn das Verb weiter nach vorne rückt: Stinkt ein Satz ohne Verb? Aber hallo! Dabei machen Sie gleichzeitig noch etwas richtig:

Sie sprechen Ihre Leser aktiv an. Wenn Sie direkt angesprochen werden, wenden Sie sich seltener ab, als wenn der Redner allgemein in den Saal spricht.

Vermeiden Sie Schachtelsätze. Wenn ein Satz mehr als zwei Kommas hat, ist das ein Alarmsignal. Versuchen Sie mal den folgenden Satz zu entschlüsseln, und stoppen Sie die Zeit: Schachtelsätze können Sie, wenn Sie sich in sie, was Sie vermutlich kaum, wenn Sie es machen, trauen, einlesen, ganz schön ausbremsen. Machen Sie Punkte. Packen Sie Ihre Schachtelsätze aus und bieten Sie Ihren Lesern den Inhalt direkt an.

Benutzen Sie Worte, die Ihr Leser kennt. Besonders das Marketing ist voll mit inhaltsleeren Phrasen und Worthülsen. Dabei ist Fachvokabular innerhalb eines Fachbereichs (vor allem in der Wissenschaft) durchaus praktisch, denn es führt schneller zum Verständnis. Aber Marketing ist nicht so komplex, wie es uns die Armeen von Plannern und Strategen weismachen wollen. Viele erfolgreiche Marketingmaßnahmen begründen ihren Erfolg eher auf kurzen Entscheidungswegen und mutigen Bauchentscheidungen als auf monatelangen Analysen und strategischer Feinkalibrierung. Aber da sich Bauchentscheidungen einfach nicht so gut verkaufen lassen, führt das zu ständigen neuen Möchtegern-Trends und Wort-Kreationen. Besser Sie benutzen Worte, die allgemein verständlich sind und einen Inhalt transportieren. Alles andere können Sie weglassen.

Wenn Sie zum Thema gute Sprache und sauberes Formulieren mehr ins Detail gehen möchten, lesen Sie *Deutsch für Profis* von Wolf Schneider.

LEBENSLAUF Der vielleicht einzige Bestandteil jedes Portfolios, der bei fast allen Kreativen ähnlich aussieht. Das hat seinen guten Grund, denn diese Seite lesen vor allem Personalchefs oder Headhunter – die jahrzehntelange Übung darin haben, einen Lebenslauf in Sekunden auf mögliche Ungereimtheiten zu scannen.

Die wichtigste Regel beim Lebenslauf ist: Der Lebenslauf richtet sich nach Ihnen – und nicht umgekehrt. Christoph Mäschig sagt:»*Das ist ein Riesenfehler, den ich schon oft gesehen habe: Kreative, die Angst haben, etwas zu tun, was im Lebenslauf blöd aussehen könnte. Das ist genau falsch.*«

Bewährt hat sich folgende Struktur: Persönliche Daten, Ausbildung, Berufserfahrung und vielleicht noch interessante Spezialkenntnisse oder relevante (!) Hobbys. Das reicht. Besonders das Thema Hobby wirkt in Lebensläufen meist eher gewollt: Fakten, Fakten, Fakten – und übrigens ich lese und reite auch gern.

Früher gab es noch den Bereich Familie, mit Geschwistern und dem Beruf der Eltern, aber das können Sie sich in kreativen Berufen sparen. Genau wie die lange beliebten

EDV-Kenntnisse. Es wird nämlich einfach vorausgesetzt, dass Sie alle für Ihren Job wichtigen Programme im Griff haben. Einzige Ausnahme sind Entwickler, bei denen es natürlich eine elementare Rolle spielt, welche Programmiersprachen sie beherrschen.

Bei der Gestaltung des Lebenslaufs gilt die alte Designregel: so viel wie nötig, so wenig wie möglich. Achten Sie vor allem auf übersichtliche und einfache Lesbarkeit. Klare Absätze/Bereiche und Linien, Jahreszahlen im selben Format und untereinander, nicht mehr als zwei Schriftschnitte. Je nach Länge des Lebenslaufs kann es helfen, die wichtigsten und relevantesten Stationen und Skills zu fetten. Dann fallen sie dem Scanner-Blick der Personaler direkt ins Auge und haben diese kleine Hürde direkt genommen.

PORTFOLIOBASIS / WIREFRAME Sie haben schon Ideen für Ihr Portfolio, wissen aber noch nicht genau, was überhaupt rein soll? Viele Designer beginnen trotzdem mit ihrer Lieblingsarbeit und inszenieren einzelne Arbeiten sehr aufwendig – was sie bald verfluchen, wenn sie merken, wie lange so was bei größeren Mengen dauert. Nichts gegen beeindruckende Präsentationen – aber Sie müssen sie eben auch durchziehen können. Denn falls schon jemand nach Ihrem Portfolio fragt, möchte derjenige nicht wochenlang warten.

Besser, Sie schaffen zuerst eine Basis. Dafür sichten Sie alle Arbeiten und bringen sie in eine übersichtliche Form, die jeder versteht. Bewährt hat sich eine simple Präsentation in Keynote oder PowerPoint.

Das Wort *Basis* klingt zwar, als würde danach die Arbeit erst anfangen, aber tatsächlich ist das Ergebnis theoretisch schon ein vollständiges. Wenn Sie die Inhalte danach noch opulenter aufbereiten möchten, ist das natürlich empfehlenswert – aber nicht zwingend notwendig.

Übrigens gibt es in diesem Buch bewusst keine Beispiel-Portfolios. Der erste Grund: Ein Portfolio ist eine individuelle Angelegenheit. Es sollte Ihre Handschrift tragen und nicht die eines anderen Kreativen. <u>Ein perfektes Portfolio ist speziell für die eigenen Arbeiten, die eigene Marke und den eigenen Charakter gemacht.</u>

Der zweite Grund: Die Handhabung dieses Buches leidet. Ein vernünftiger Vergleich würde hunderte Seiten benötigen und wäre trotzdem nie aktuell genug. Inspiration finden Sie (wie immer) im Netz, bei Universitäten, Fachhoch- und Privatschulen und speziell in der PAGE, die stets sehenswerte Portfolios vorstellt.

Der dritte Grund: Auch bei Portfolios gibt es Trends. Und die wechseln. Schauen Sie sich die Ihrer Idole an – und vergessen Sie's wieder!

Im Screendesign bzw. der Website-Konzeption gibt es eine einfache Möglichkeit Grundstrukturen darzustellen, ohne damit eine gestalterische Vorgabe zu machen: Wireframes. Wie der Name schon vermuten lässt, handelt es sich nur um einen dünnen Rahmen, den Sie kreativ füllen können. Bewährt hat sich folgendes:

- ▶ Direkt auf dem Titel sagen, was man ist bzw. werden möchte.
- ▶ Saubere, durchgängige Navigation durch alle Seiten.
- ▶ Credits (Beteiligte) bei komplexeren Projekten ergänzen.
- ▶ Vita und Anhang an Anfang oder Ende.
- ▶ Titel- und/oder Schlusschart mit Kontakt.

KEYNOTE-PORTFOLIO-WIREFRAME Anmerkung: Dieses grobe Gestaltungsraster ist die inhaltliche Grundstruktur einer Keynote-/Print-Mappe, mit der sich jeder Personaler schnell zurechtfindet. Bei der Gestaltung ist man natürlich frei, aber: Die Form folgt gerade hier der Funktion. Nicht vergessen: Das PDF wird in fünf Minuten durchgeklickt.

Vorname Nachname
Angestrebter Titel

Portfolio-Seite
Navigationszeile mit Kunden,
Arbeit, Medium und
evtl. Credits

Vita
Persönliche Daten,
Ausbildung,
Berufserfahrung,
Relevante Kenntnisse
(Sprachen, edv, sonstige Skills …)

Anhang
Zeugnisse etc.
(auch mehrere auf einer Seite,
wenn man das lesen kann)

Kontakt
Vorname, Nachname
Adresse, Telefon/Mobil,
E-Mail, Website, Social Media

TEASER-PORTFOLIO Aus der Portfolio-Basis lässt sich einfach ein PDF generieren, das Sie Ihrem zukünftigen Arbeitgeber (oder Kunden) schicken können. Am besten als leicht gekürzte Version, die man *Teaser-Portfolio* nennt. Das ist die Essenz Ihrer Arbeit als Vorgeschmack.

Schicken Sie diesen Teaser übrigens nicht ohne Vorwarnung raus, das wirkt schnell wie eine Postwurfsendung und wird entsprechend behandelt. Wie später in Kapitel *Akquise, Anrufe & Abverkauf* ab Seite 202) beschrieben wird, sollten Sie immer erst einen persönlichen Kontakt herstellen, um das Eis zu brechen. Ein Anruf, in dem Sie kurz Ihr Teaser-Portfolio ankündigen, wirkt schon Wunder: der Empfänger hat Ihre Stimme im Kopf, er wartet vielleicht sogar auf Ihre E-Mail und Ihr gesamter Bewerbungs- oder Akquiseprozess wirkt professioneller.

Im Teaser sind alle Highlights vertreten. Denn er soll, wie der Name schon sagt, reizen/anmachen. Was in diesem Fall bedeutet, der Arbeitgeber soll Sie: einladen/kennenlernen. Wurden Sie erst mal eingeladen, wollen die meisten Arbeitgeber vor allem wissen, ob Sie sich auch menschlich verstehen. Denn fachlich haben Sie schließlich schon überzeugt – Sie wurden aufgrund Ihres Teasers eingeladen. Jetzt werden noch Motivation und Sympathie bestmöglich geklärt. Sie sollten schließlich ins Team passen und keine schlechte Stimmung verbreiten.

Ein Teaser-Portfolio besteht aus der Portfolio-Basis und hat insgesamt ca. 15 Seiten. Plus minus fünf, je nachdem, wie die Arbeiten präsentiert sind oder wie viele Sie haben.

Wie im Kapitel *Fünf Minuten* ab Seite 176 beschrieben, muss das Portfolio in maximal fünf Minuten überzeugen. Die Wahrheit liegt vermutlich eher zwischen einer und drei Minuten, denn kein Kreativchef oder Personaler blockt sich Zeit im Kalender, um Portfolios anzusehen. Das hat übrigens nichts mit mangelnder Wertschätzung zu tun – hervorragende Kreative haben einfach nur sehr wenig Zeit.

ONLINE-PORTFOLIO Welchen Aufwand und welches Online-Medium Sie wählen, hängt wie immer von Ihrem Ziel und Arbeitssystem ab. Für Festangestellte ohne akuten Wechselwunsch reicht oft schon ein gut gepflegtes Profil auf Xing oder LinkedIn, in Kombination mit einem Download-PDF. Wieso sollten Sie auch einen Mordsaufwand betreiben, wenn Sie nur gefunden werden wollen und sonst nichts.

Auch sehr gute und in der Branche bekannte Freelancer brauchen nicht unbedingt eine Website. Ich kenne viele Freelancer, die ihre drei bis vier *festen* Auftraggeber haben, zwischen denen sie ständig wechseln. Allerdings auch nur zwischen denen. Denn für jeden außerhalb sind sie schließlich fast unsichtbar.

Eine Website hilft enorm, neue Türen zu öffnen. Vor allem, wenn es um Buchungen direkt für große Marken oder Firmen geht. Agenturen sind für Freelancer wie Zwischenhändler. Freelancer werden eingekauft und für mehr Geld weiterverkauft. Wenn Sie es schaffen, direkt für den Auftraggeber der Agentur zu arbeiten, können Sie entsprechend mehr Geld verlangen (und verzichten auf eine zusätzliche Abstimmungsinstanz).

Ebenso hilft ein aussagekräftiges Online-Portfolio dabei, wenn jemand Sie intern weiterverkaufen möchte. Derjenige kann dann einfach Ihre Website öffnen und seinem Chef etwas Überzeugendes präsentieren. Eine gutes Online-Portfolio kann sich also auszahlen.

Firmengründer brauchen zwingend eine eigene Website. In den allermeisten Fällen sucht einfach jemand nur Ihre Telefonnummer. Das sollten Sie während der vermutlich ausufernden Konzeptions-Diskussion unbedingt im Auge behalten: Eine einfache Seite, die schnell funktioniert, ist mehr wert als eine extrem beeindruckende Seite, die auch nach Monaten noch in der Produktion steckt.

WIE BEKOMMEN SIE IHR PORTFOLIO ONLINE?

Eine kurze Anmerkung vorab: Da es fast monatlich neue Anbieter und Technologien dafür gibt, spare ich mir die Links in diesem Kapitel. Sie finden die neusten Angebote am besten selbst. Die verschiedenen Varianten bleiben dieselben.

Ein einfacher und schneller Weg zur eigenen Website sind Baukästen (oder zwecks Suchbegriff: *Portfolio Website Builder*). Die sahen lange Zeit auch nach Baukasten aus und waren entsprechend verpönt. Mittlerweile gibt es wirklich gute und einfach Lösungen, die zwar Geld kosten – es aber wert sind. Die Gestaltungsmöglichkeiten sind hier trotzdem eingeschränkt. Vermeiden sollten Sie Gratisangebote. Hier ist fast immer etwas im Argen. Wenn Sie Pech haben, schaltet der Anbieter sogar auf Ihrer Website ungefragt Werbebanner.

Besser sind professionelle Portfolio-Anbieter. Dort erwarten Sie ein für Laien verständliches Tutorial und vorbereitete Themes. Das lassen sich die Anbieter natürlich (monatlich) bezahlen, aber wenn Sie sich nicht lange mit Ihrer Website aufhalten lassen wollen, lohnt sich diese Option. Der Nachteil ist auch hierbei das relativ starre Raster und die Tatsache, dass es streng genommen Ware von der Stange ist, was vielleicht nicht Ihrem kreativen Anspruch genügt.

Die beste, wenn auch aufwendigste Alternative ist eine selbst gehostete Website. Auch die müssen Sie nicht unbedingt komplett selbst programmieren, sondern auch dafür gibt es Portale mit fertigen HTML- oder WordPress-Themes, die Sie nur hochladen und anpassen müssen. Aber bevor Sie irgendetwas online starten, sortieren Sie sich offline:

1. Machen Sie eine Shortlist mit den Arbeiten, die später auf
   die Website sollen. Das gibt Ihnen ein Gefühl für den
   Umfang. Idealerweise legen Sie eine Portfolio-Basis in Power-
   Point oder Keynote an.
2. Suchen Sie sich ein *Theme* aus, das Ihnen gefällt.
   Je besser Ihre Auswahl, desto weniger Ärger haben
   Sie später damit. Achten Sie auf:

   ▸ Ratings und Sales. Themes, die schon häufig gekauft
     wurden und gute Ratings haben, machen offensicht-
     lich irgendwas richtig.

   ▸ Preis. Gute Themes kosten Geld. Meist ca. 50–60 Euro.
     Aber im Vergleich zu den Baukasten-Anbietern
     nur einmalig. Oft sind Support und Updates inklusive.

   ▸ Die Portfolio-Darstellung. Passt diese Darstellung
     zu Ihren Arbeiten?

   ▸ Das Design im Allgemeinen. Es hilft enorm, wenn
     Sie ein Theme wählen, das Ihren Vorstellungen zu fast
     100 Prozent entspricht. Denn wenn Sie keine
     Programmier-Fähigkeiten haben, werden Sie das auch
     später nicht groß ändern können. Also machen
     Sie's wie damals Indiana Jones und *wählen Sie weise* ...

Für alles andere gibt es unzählige Support- und Tutorial-
Videos, die Ihnen alles von Anfang bis Ende detailliert erklären.

PORTFOLIO-TIPPS Es gibt eine Reihe an Portfolio-Fehlern, die sich durch jeden Fachbereich und jedes Arbeitssystem ziehen. Die häufigsten und wichtigsten habe ich hier zusammengefasst:

KEINE DATEN – KEIN PORTFOLIO Klingt naheliegend – aber im täglichen Stress gehen oft andere Dinge vor, und die Datensicherung fürs Portfolio fällt hinten runter. Auf lange Sicht werden Sie sich wünschen, die Prioritäten anders gesetzt zu haben. Die einfache Lösung:

Sichern Sie Ihre Arbeiten.

Immer.

Jede.

Mindestens als PDF. Besser als offene Daten und idealerweise mit Making-of-Material. Dafür eigenen sich Cloud-Dienste meiner Erfahrung nach am besten, da sie praktisch nicht kaputt oder verloren gehen. Wichtig ist nur, *dass* Sie Ihre Daten parat haben. Egal wo. Wenn Sie nach einigen Jahren Ihren Portfolio-Ordner öffnen und auf zahllose Dateien blicken, ist das eher ein Grund zur Beruhigung als zur Panik, denn immerhin ist einiges da. Vorbildlich wäre es natürlich, wenn Sie die Daten im Portfolio-Ordner gleich übersichtlich nach Zeit oder Auftraggeber sortieren. Aber nach vielen Jahren als Portfolio-Coach sind meine Ansprüche da etwas gesunken. Heute freue ich mich schon, wenn überhaupt was da ist.

Es gibt nur eine einzige Ausnahme, Daten nicht zu sichern: sie sind streng geheim oder sensibel. Falls Sie eine Geheimhaltungserklärung (auch NDA, *Non-Disclosure Agreement* genannt) unterschrieben haben, sollten Sie mit dem Verantwortlichen klären, was Sie sich kopieren dürfen und was nicht. Das gilt vor allem für Freelancer, die häufig sehr strenge NDAs unterschreiben müssen.

Aber auch Pitches um große Auftraggeber sind riskant. Schon häufig wurden sensible Pitch-Ideen bei einer konkurrierenden Kreativfirma im Bewerbungsgespräch gezeigt – während der Pitch noch lief. Wenn das rauskommt, drohen dem Kreativen hohe Geldstrafen oder mindestens ein sehr unangenehmes Gespräch – und es kommt raus! Insgesamt klingt Datensicherung wie ein Junior-Problem, aber auch große Kreativfirmen sind dabei erstaunlich schludrig. Häufig werden große Projekte realisiert und erst Monate später fällt dem Inhaber auf, dass niemand die Website (also das Firmen-Portfolio) aktualisiert hat. Konsequenterweise wurden dann auch während des Projekts weder Making-of- noch anderweitig interessante Inhalte erstellt. Praktischer Nebeneffekt, wenn man es macht: <u>Gute Daten eignen sich auch hervorragend für die Fachpresse,</u> denn die zeigt nur zu gern *exklusive Backstage-Bilder* von spannenden Projekten.

KEINE KALAUER Damit meine ich naheliegende, meist sehr platte Ideen, auf die man recht schnell kommt. Kurz: lausige Ideen. Hier meine persönliche Top 3:

Ein kleiner Taschenventilator mit den Worten: *Sie brauchen frischen Wind in Ihrem Unternehmen?*

Eine Packung Streichhölzer oder ein Feuerzeug mit der Aufschrift: *Zündende Ideen gefällig?* oder auch *Sie suchen Kreative, die brennen?*

Und spätestens seit der Art Directors Club Nägel als Auszeichnungen verleiht, sieht manches Personalbüro wie die Eisenwarenabteilung im Baumarkt aus. *Sie brauchen jemand, der den Nagel auf den Kopf trifft? Sie sind Hammer! Ich bin Nagel! Durchschlagende Ideen gesucht?*

Die Headhunterin Britta Hesse erzählte auch einmal von einem riesigen Paket, was früh morgens plötzlich für sie abgegeben wurde. Darin war ein Klappstuhl. Und ein Zettel, der es nicht besser machte: *Mein Stuhl in Ihrem Unternehmen.* Das Problem war nicht nur der mäßige Witz, sondern auch die Verpflichtung jedes Personalers, Bewerbungsunterlagen immer zurückschicken zu müssen.

Jeder erfahrene Kreative legt so was mit fast mitleidiger Miene wieder zurück und sagt dem Personaler nur unauffällig *Eher nicht* = Standardabsage.

Verlassen Sie sich auf die Qualität Ihrer Arbeiten. Ihr Portfolio muss keine *Extraidee* haben. Auch das unterliegt zwar gewissen Portfolio-Trends, aber der Trend zur *Portfolio-Extraidee* ist schon über zehn Jahre her – und es sieht nicht danach aus, als würde sie jemand vermissen.

Aber wie mit allen Ideen, gibt es auch hier keine Regel ohne Ausnahme. Es gibt nämlich natürlich auch gute Portfolio-Ideen. Die sind nur leider recht selten und fast immer sehr aufwendig. Auf meiner Website habe ich in einem Blog-Post einige beeindruckende Beispiele gesammelt, die schon ihren Weg durch die (lobende) Fachpresse hinter sich haben.

Alle diese Portfolio-Ideen haben gemeinsam, dass sie schlau gedacht und sehr detailverliebt umgesetzt wurden. Hier geht es fast nicht mehr darum, bestimmte Arbeiten darzustellen, sondern der Kreative selbst wird zum eigenständigen Case. Wer derart selbstbewusst mit sich selbst und der eigenen Marke als Kreativer umgeht, ist sofort interessant für Personalverantwortliche oder Artbuyer überall auf der Welt. Übrigens nutzen fast alle Beispiele die zu der Zeit aktuellsten technischen Möglichkeiten. Das ist theoretisch auch für Sie sinnvoll, denn es hat gleich zwei Vorteile: Wenn Sie eine neue Technik nutzen, ist die Chance hoch, dass es die Idee noch nicht gab. Und Sie beweisen, dass Sie sich mit der neusten Technik auskennen. Ein Nachteil dabei ist natürlich, dass eine sehr neue Technik sehr schnell alt wird – aber hey – idealerweise haben Sie dann längst, was Sie wollen.

KEINE AUSREDEN Wenig wirkt auf Arbeitgeber und Auftraggeber unsouveräner als Ausreden und Gejammer. Es kann durchaus sein, dass Sie in Ihrer alten/aktuellen Firma nie portfolio-kompatible Arbeiten fabrizieren. Ihr Problem ist nur: es interessiert keinen. Und das ist auch nicht das Problem der Firma (die damit scheinbar gut leben kann), sondern einzig und allein Ihres. Wenn Ihre Firma nie das macht, was Sie mögen: Machen Sie es selbst! Nebenbei, nach Feierabend oder am Wochenende – egal. Zeigen Sie, dass Sie es besser können.

Werber können sich zum Beispiel schlechte Werbung als Vorlage nehmen und dieselben Inhalte als Briefing für eine bessere eigene Idee nehmen. (Sie sollten dann nur darauf achten, sich mit den verbesserten Arbeiten nicht bei den *Vorher*-Agenturen zu bewerben.) Fotografen können mit ihrer Kamera losziehen, Designer können eine neue CI für die Dönerbude nebenan gestalten etc. Nach dem Motto *einfach machen*. Und selbst Texter, die immer das Problem haben, dass am Ende ihrer Arbeit nur eine mäßig attraktive Schwarzweiß-Seite herauskommt, können zumindest ihre Idee beschreiben und locker aufzeichnen. Bei Berufsanfängern achtet jeder (gute) Chef vor allem auf die Motivation und das Talent und weniger auf die wirklich realisierte Arbeit.

Das gilt übrigens auch für die Aufbereitung der Arbeiten. Der häufigste Satz in Portfolio-Coachings ist: *Ach ja, das wollte ich noch anders einbauen / daneben schreiben / neu machen.* Sobald Sie Ihr Portfolio jemandem zeigen, ist es final. Punkt. Dann geht jeder davon aus, dass alles genau so dasteht, wie Sie es wollten.

Überlegen Sie sich vorher: Wie würde jemand auf Ihr Portfolio reagieren, der 1. Sie nicht kennt und 2. Ihre Arbeiten noch nie gesehen hat. Versteht derjenige alles auf den ersten Blick? Wo würde vermutlich eine Frage aufkommen? Und können Sie diese Frage direkt im Portfolio einfach und schnell beantworten?

Das macht nicht nur Ihr Portfolio einfacher und schneller verständlich, sondern Sie wirken auch wie jemand, der sich über so etwas Gedanken gemacht hat (weil Sie es schließlich auch haben).

KEIN FLEISSBEWEIS Ins Portfolio gehören nur Ihre kreativen Highlights. Besonders wenn Sie schon einige Jahre Erfahrung in Ihrem Job haben, wird vorausgesetzt, dass Sie mit *ordinärem Tagesgeschäft* keine Probleme haben. Ihre Auswahl zeigt nicht (nur) Ihre Vergangenheit, sie definiert auch Ihre Zukunft. Also schauen Sie sich die alten Regalnasen und 40k-Banner nochmal genau an ...

KEIN CHAOS Ihr Portfolio muss in wenigen Minuten *konsumierbar* sein. Die sind oft schon vorbei, nur um das Portfolio-Konzept und die Navigation zu verstehen. Wählen Sie ein sauberes, klares Layout, das zu Ihnen passt, ergänzen Sie eindeutige, kurze Beschreibungen und zeigen Sie nur eine Idee pro Seite.

Zeigen Sie Ihr Portfolio jemandem, der es noch nicht kennt. Versteht der alles? Wenn es erst mal online oder verschickt ist, können Sie keine Fragen mehr beantworten. Aber fassen Sie sich trotzdem kurz! Online liest niemand lange Texte.

KEIN IDEENKLAU Das ist für Kreative wirklich das Allerschlimmste. Und es wird rauskommen! Immer. Und damit ruinieren Sie sich Ihren kreativen Ruf auf Lebenszeit!

Ein befreundeter Artdirektor verschwand mal während der Arbeit in einem Bewerbungsgespräch. Das Ungewöhnliche daran war, dass er bereits nach einer Viertelstunde wieder im Büro war – mit hochrotem Kopf und verstörter Miene. Er erzählte: *Herrje, das war grad' ein Gespräch ... der war eigentlich ganz nett. Und dann hatte er plötzlich eine Arbeit von mir in seiner Mappe. Ich frag' ihn: Von wem ist das hier? – Und er: Von mir natürlich. Ich: Aber das hast du doch nicht alleine gemacht, oder? – Doch, doch! – Nein, hast du nicht – weil ich das gemacht hab'. Das ist meine Idee. Und dann wurde es ganz schlimm. Ich fand's selber wahnsinnig unangenehm. Naja, wir haben uns dann verabschiedet und er hat versprochen, sein Portfolio etwas, nun ja, aufzuräumen. Mannmannmann.*

So eine Szene will kein Mensch.

Die Kreativbranche ist erstaunlich gut vernetzt. Und die besten Netzwerker sind die Personalchefs und Headhunter. Was Sie in Firma A machen, wird blitzschnell auch Firma B (bis Z) erfahren.

KEIN NEBENBEI Ihr Portfolio ist Ihre wichtigste Präsentation. Keine Pitch-Präsentation oder Abstimmung ist so wichtig wie Ihr Portfolio. Selbst wenn Sie einen Job komplett vergeigen, finden Sie mit einem großartigen Portfolio schnell einen neuen Auftraggeber (gut, das sollten Sie besser nicht überstrapazieren).

Damit beginnt man nicht am Abend vorher. Und wie bei fast jeder Präsentation dauern die letzten 5 Prozent Detailarbeit noch mal fast so lange wie die ersten 95 Prozent Grundaufbau. Denn dann tauchen unzählige zeitraubende Fragen auf: Sind die Beschreibungen für jeden verständlich? Kann noch was gekürzt werden? Ist das Layout so perfekt? Ist der Lebenslauf vollständig? Sind die Kontaktdaten drin? Braucht man Seitenzahlen? Und brauchen Sie vielleicht doch noch ein neues Foto?

Nehmen Sie sich auch Zeit und planen Sie Ihr Portfolio wie jedes andere wichtige Projekt: To-do-Liste, Timing/Meilensteine, Deadline. Sonst endet es auch wie jedes andere Projekt ohne Organisation: es wird nie fertig – oder lausig zusammengeschludert.

KEINEN VERGESSEN! Häufig arbeiten Sie mit anderen Kreativen an Projekten. Dann wird es schwierig zu sagen, wessen Idee es wirklich war. Hier helfen Credits! Eine kurze Namensliste mit allen Beteiligten:

Fachbereich: Name.

Nächster Fachbereich: Name.

Nächster Fachbereich: Name.

Etc.

Einfach jeder, der an der Entstehung eines Projekts beteiligt war, dann gibt's keine Missverständnisse. Gerade bei unvollständigen Credits bekommen Sie sehr böse E-Mails, weil jeder sofort Absicht dahinter vermutet. Das gilt auch für Sie: Wenn Sie nur kurz ausgeholfen haben, haben auch brillante Arbeiten (die Sie gern hätten) nichts in Ihrem Portfolio zu suchen.

KEIN DURCHSCHNITT Nichts hebt Sie besser vom Durchschnitt ab als Awards renommierter Kreativ-Wettbewerbe! Egal ob Sie Texter, Fotograf, Designer, Musiker oder Illustrator sind – die härteste Währung für Kreative sind Awards. Eine lange Awardliste ist bei vielen Kreativfirmen fast wichtiger als das eigentliche Portfolio. Wenn Sie viel gewonnen haben, ist das ein Beweis Ihrer Kreativität. Selbst die größten Award-Kritiker erkennen eine lange Awardliste respektvoll an.

Und wie bei jeder Währung, gibt es auch dieser gegenüber viele Kritiker: *Ach, Awards ... und diese schwachsinnigen Rankings erst. Das ist alles Quatsch!* Und ja, das ist auch nicht ganz falsch. Außerhalb der Kreativbranche interessiert sich wirklich niemand für Awards und Rankings. Aber was die Kritiker dabei gern vergessen: innerhalb der Branche interessieren sie sehr wohl.

Da das *Award-System* etwas eigen ist, eine kurz Erklärung dazu: Awards und Rankings sind vor allem Gradmesser für Qualität. Und zwar nicht nur in der Kreativbranche. Für herausragende Traktoren gibt es genauso Awards wie für Weine oder Edelsalamis. Und natürlich für jede Art von Kunst und Kreation: Es gibt Filmpreise (Festivals, die Oscars etc.), Foto-Wettbewerbe (Lead Awards, ADC, WorldPressPhoto etc.), Musikpreise (Grammy, Echo, MTV Music Awards etc.), Wettbewerbe für digitale Medien (Webby, Awwwards, FWA etc.) – aber der Bereich mit dem 1. Platz, quasi der Grandprix in Gold, für die meisten Branchen-Awards, geht an die Design- & Werbebranche. Von ADC, BoB, Cannes Lions, D&AD, Eurobest, ..., bis ZMG gibt es für jeden Buchstaben im Alphabet mindestens einen Kreativ-Award (eine Auswahl auf der Branchenseite Horizont.net zählt unglaubliche 63 Wettbewerbe). Da stellt sich die Frage: Warum gibt es so viele Awards? Ganz einfach: Weil die Ausrichter damit sehr viel Geld verdienen. Eine kurze Rechnung: Jede einzelne Einreichung kostet den Einreicher 500 Euro ± 300 Euro. Die Cannes Lions hatten 2015 stolze 40.133 Einreichungen. Die günstigste Kategorie-Variante kostet dort 530 Euro – also hat der Veranstalter mindestens 21.270.490 Euro verdient. Von den Ticketpreisen für Ausstellung und Kongress mal ganz abgesehen. Der Preis für die einträglichste Idee geht also jährlich an den Veranstalter. Und eine gute Idee machen traditionell viele nach. Aufgrund der Menge an Awards verlieren selbst Insider den Überblick. Und was macht der Deutsche, wenn er Unordnung sieht? Eine Liste! In diesem Fall eine ziemlich komplizierte. Denn in Rankings bekommt jeder Award einen Multiplikationsfaktor, denn es gibt wichtigere Wettbewerbe (mit namhaften Jurymitgliedern – wie besagte Cannes Lions) und unwichtigere (zum Beispiel den *Airport Award* für originelle Reklame an Flughäfen oder den *Can of the Year*-Award für Konservenbüchsengestaltung). Wer am Ende des Jahres die meisten Kreativpunkte gesammelt hat, steht auf Platz 1 im Ranking (und bekommt gleich noch einen Award obendrauf).

Man kann dieses Rankingsystem verfluchen, aber eine elementar wichtige Zielgruppe liest diese Listen eben doch: und zwar die Auftraggeber. Sie verschaffen sich damit einen schnellen Branchenüberblick. Und da jede Top-Marke die kreativste Firma für sich haben möchte, klingelt bei den Top 10 häufiger das Telefon als bei allen anderen. So einfach ist das.

Ganz ähnlich funktioniert das auch für Sie als Kreativen. Auch wenn viele Agenturchefs über Awards schimpfen – fragen Sie mal kritisch nach, ob die Person heute auch Kreativchef wäre, wenn sie in jüngeren Jahren nicht so viele Preise gewonnen hätte.

Ein spezielles Thema sind *Gold-* bzw. *Fake-Ideen*. Das sind Arbeiten, die ausschließlich für Awards angefertigt wurden und außerhalb der Jury praktisch nie das Licht der Welt erblickt haben. Wenn über Awards und Rankings geflucht wird, stehen praktisch immer die Fakes im Rampenlicht. Amir Kassaei nannte sie einmal *Zombiekreation* und ergänzte: *»Goldideen gewinnen beweist nur, dass man gut ist im Goldideen gewinnen.«*

Aber trotzdem haben sogar Goldideen ihre Daseinsberechtigung. Und zwar als Forschungs- & Entwicklungs-Bereich der kreativen Arbeit. Eine gute Idee, eine clever genutzte neue Technologie oder eine großartige Exekution bleiben schließlich auch dann gut, wenn sie kein Auftraggeber bezahlt hat. Besonders hilfreich sind Awards für Praktikanten und Junioren, die damit im wahrsten Sinne ihr Portfolio vergolden können, wenn sie die eine oder andere Goldidee mit hineinnehmen. Awards sind enorm hilfreich für Kreative, ob für Akquise oder den Wunscharbeitgeber – aber wenn Sie nur noch arbeiten, um Awards zu gewinnen, haben Sie sehr wahrscheinlich das falsche Ziel.

KEIN BULLSHIT Das gilt vor allem für Firmengründer. Wochenlang wird über die Texte auf der eigenen Website gegrübelt und am Ende liest man dort Sätze, die zwar ganz gut klingen, bei näherer Betrachtung aber fast nichts aussagen.

Hohe Bullshit-Gefahr birgt der Bereich *Creative Process* (Arbeitsweise). Da wird erklärt, dass sich die Kreativen vorher *intensiv und persönlich mit dem Auftraggeber auseinander-*

setzen und erst dann, ganz strategisch, mit der Arbeit beginnen. Da stellt sich die Frage: Wie sollen Kreative auch sonst arbeiten? Auf gut Glück ein Logo gestalten? Aus der Hüfte losprogrammieren oder schreiben? Einfach irgendwen fotografieren? Ganz ehrlich: Selbstverständlich beschäftigt sich vorher jeder (!) Kreative mit seinem Auftraggeber und überlegt mit ihm gemeinsam, wie sie sein Problem lösen!

Reine Comedy ist aber der Positionierungssatz oder Agentur-Claim. Machen Sie sich den Spaß und übersetzen Sie diese – fast immer englischen – Sätze auf Deutsch. Und dann fragen Sie sich, was Ihnen dieser Satz (Neues) sagen möchte. Die folgenden Beispiele beruhen auf wahren Begebenheiten:

Die Zukunft inspiriert uns, wir leben, um zu inspirieren.

Wir lassen Kreativität geschehen.

Wir vereinen Kreativität und Substanz.

Die Arbeit steht bei uns im Mittelpunkt.

Wir erschaffen keine Kultmarken. Menschen machen das.

Besser, Sie lassen Ihre Arbeiten für sich sprechen. Oder die Presse. Oder Ihre Auftraggeber. Oder Ihre Auszeichnungen. Lob ist vor allem dann lässig (und funktioniert auch besser), wenn es von anderen kommt und nicht von Ihnen selbst.

PORTFOLIO-CHECKLISTE Die Tipps im letzten Kapitel helfen Ihnen *vor* der Portfolio-Gestaltung. Danach empfehle ich die folgende Checkliste. Kleiner Exkurs vorweg: Vitruv war ein römischer Architekt des 1. Jahrhunderts vor Christus, der unter anderem drei Hauptanforderungen an die Architektur definiert hat. Und die gelten praktischerweise auch 1:1 für Ihren Portfolio-Bau:

FIRMITAS **//** FESTIGKEIT In Ihrem Fall: die Substanz Ihrer Arbeiten.

UTILITAS **//** NÜTZLICHKEIT Also die Lesbarkeit/Usability Ihres Portfolios.

VENUSTAS **//** SCHÖNHEIT Das Design Ihres Portfolios und Ihrer Arbeiten.

Dabei muss allen drei Kategorien gleichermaßen Rechnung getragen werden. (Und bis eben dachten Sie noch, *Usability* wäre etwas Neues.) Das Praktische ist, dass Sie anhand dieser drei Forderungen Ihr Portfolio auch im Detail kontrollieren können. Der Reihe nach:

FIRMITAS / FESTIGKEIT / SUBSTANZ Bieten Sie, was Ihre Auftrag- bzw. Arbeitgeber suchen? Wenn Sie mit Ihrer Kreation Geld verdienen möchten, sollten Sie das ganz sicher mit Ja beantworten können. Klingt einfach, klappt erstaunlich selten. Substanz bedeutet auch, die angepriesene Qualität zu halten. Spätestens in der Probezeit zeigt sich, ob Sie wirklich der sensationelle Kreative sind, als der Sie sich verkauft haben. Wenn Sie nicht ehrlich mit sich selbst sind, hecheln Sie nur hinter falschen Erwartungen her. Übrigens: Falls Sie gerade Ihre kreative Karriere beginnen, ist Ihre Kreationsqualität vermutlich noch nicht so hoch wie Ihr Anspruch. Das ist völlig normal. Auf Vimeo finden Sie zu diesem Thema einen schönen Film namens *The Gap*. Gehen Sie ehrlich mit Ihrem aktuellen Niveau um und sagen Sie Ihrem Mentor/Vorgesetzten, dass Sie es verbessern wollen. Alle guten Chefs schätzen Selbstkritik. Als Junior müssen Ihre Arbeiten auch nicht zwangsläufig alle veröffentlicht worden sein. Brillante Ideen können auch als Layouts oder Skribble beeindrucken (aber nur bis zum Senior-Level, danach erwartet man von Ihnen, dass Sie Ihre Ideen auch realisiert bekommen).

UTILITAS / NÜTZLICHKEIT / LESBARKEIT Die einfachste Möglichkeit ein Portfolio nützlicher und lesbarer zu machen, ist, den Umfang zu reduzieren. Ein Portfolio ist weder Fleiß-Beweis noch Rumpelkammer. Konzentrieren Sie sich auf 5–15 sehr gute Arbeiten (im PDF eher weniger, auf Websites sind auch mehr möglich). Wenn Sie unsicher sind, ob eine Idee gut oder schlecht ist – ist sie meist schlecht. Für einige Kreative ist auch eine Bonus-Seite für ihr kreatives Hobby (Fotografie, Musik, Blogs etc.) sinnvoll. Nach der Auswahl geben Sie Ihren Arbeiten eine Dramaturgie: Highlights an Anfang und Ende. In der Mitte Bandbreite und Handwerk. Sauberer Lebenslauf, Zeugnisse, evtl. Awardliste und Kontakt als Abschluss oder Einstieg der gesamten Mappe.

Und das alles am besten in einem Format, das jeder kennt. Ein PDF kann jeder öffnen und Sie können auch Zeugnisse, MP3s und Videos einbinden, damit alles in einer Datei ist. Ein bewährtes Konzept ist die Aufteilung in ein Teaser-Portfolio (5–6 Highlights) als E-Mail-pdf vorab und ein Haupt-Portfolio für das Gespräch. Dann können Sie noch einen draufsetzen.

Auch bei einer Portfolio-Website kommt es auf eine *intuitive Navigation* (auf jedem Gerät) an. Beeindruckende neue Web-Technologien sind erfahrungsgemäß nur auf wenigen Geräten wirklich beeindruckend. Wenn die Technologie/Form nichts mit Ihrer Arbeit zu tun hat, konzentrieren Sie sich auf die Funktion. Die Nützlichkeit Ihres Portfolios gilt nicht nur für den Empfänger – sondern vor allem für Sie. Sie müssen damit Ihr Ziel erreichen!

VENUSTAS / SCHÖNHEIT / DESIGN Schaut man Ihr Portfolio gerne an? Findet Ihre Zielgruppe Ihr Portfolio schön und nicht nur Sie selbst? Ihre Arbeit muss für sich sprechen, Konfetti drumherum wird sofort entlarvt. Ein klares, sauberes Layout und eine gut gewählte Typo machen viel aus. Falls Sie sich mit Design nicht auskennen, fragen Sie jemanden, der es kann. Das gilt online wie offline. Denn trotz aller Digitalisierung ist und bleibt der Tastsinn der größte Sinn des Körpers: Fasst man Ihr Portfolio gern an? Papier, Format, Einbände, Prägungen, Bindungen etc.

Ich bin großer Technik-Fan, aber ein glattes Display verliert gegen gutes Papier doch beträchtlich (nicht nur bei Kontrast und Akkulaufzeit). Es gibt keine Verpflichtung zum rein digitalen Portfolio. Mittlerweile haben Kreativdirektoren schon derart viele Portfolio-PDFs und Webseiten durchgeklickt, dass etwas Haptisches wieder richtig auffallen könnte.

Wenn Sie das alles berücksichtigt haben, wäre bestimmt auch Vitruv stolz auf Sie.

AKQUISE

ANRUFE

ABVERKAUF

KAPITEL 6

AKQUISE, ANRUFE
&
ABVERKAUF

Nach diesem Kapitel können Sie
Ihre Kreativität besser verkaufen.

Jetzt brauchen Sie Auftraggeber. In diesem Kapitel
geht es um Akquise, Werbung, Anschreiben, Preisfindung, Pitches und die Frage, warum Frauen im Schnitt
22 Prozent weniger verdienen.

Aber eins nach dem anderen.

ANKLOPFEN:
AKQUISE & AUFMERKSAMKEIT Werber nennen es

Awareness (vormals Bekanntheit) steigern, PR-Experten wollen *Buzz erzeugen* und Jäger *klopfen auf den Busch.* Dabei geht es immer um dasselbe: Sie sind anwesend und alle sollen es wissen. Denn damit der Markt auf Sie reagiert, muss der erst mal registrieren, dass es Sie gibt. Dafür müssen Sie auf eine Menge Büsche klopfen und manchmal lange warten, bis endlich etwas Interessantes auftaucht. Das ist in der Wirtschaft genau wie im Wald.

Akquise, Werbung und PR haben alle fast dasselbe Ziel, nämlich Aufmerksamkeit erzeugen und/oder Image verbessern – aber sie funktionieren völlig unterschiedlich. Akquise ist das Skalpell in Ihrem Arsenal. Das direkte Gespräch mit potenziellen Kunden. Idealerweise in einem angenehmen Umfeld wie einem Restaurant oder einer Fachveranstaltung. Grob gesagt: Bier trinken und über Arbeit reden. Ein weniger gutes Umfeld ist ein Telefonat, da Ihr Gesprächsteilnehmer wahrscheinlich E-Mails liest, während Sie ihm erzählen wollen, wie sinnvoll eine Zusammenarbeit wäre. Nahezu nutzlos ist Akquise per Rundmail oder Aussendung. Hier müssen Sie schon sehr originell, sehr relevant – oder eine Firma mit einer sehr großen Zielgruppe sein. Mailings, nur mit Ihren aktuellen Arbeiten als Freiberufler, interessieren leider kaum jemanden. Besser Sie suchen sich die wichtigsten Kongresse und Events des Jahres heraus und kaufen günstige Frühbuchertickets dafür. Die besuchen Sie dann mit einem dicken Stapel Visitenkarten und versuchen diese möglichst charmant zu verteilen. Und wenn Sie dort so gar nicht in Akquise-Stimmung sind, erzwingen Sie nichts, sondern besinnen Sie sich auf das, was diese Veranstaltungen eigentlich sind: nämlich Weiterbildung oder Party.

Werbung ist eher ein Bombardement. Sie sprechen einen ganzen Markt an, wenn Sie wollen. Möglichst laut, möglichst kreativ, möglichst überzeugend. Howard Luck Gossage sagte: »*Die Menschen lesen keine Werbung. Sie lesen, was sie interessiert. Und manchmal ist das eine Anzeige.*« Die Wahrscheinlichkeit, dass Ihre Zielgruppe sich für Ihre Anzeige (oder was auch immer) interessiert, steigt allerdings beträchtlich wenn Sie 1. wissen, wer Ihre Zielgruppe genau ist, 2. wo Sie diese erreichen und 3. was sie braucht. Denn Werbung ist trotz ihres schlechten Images eine recht ehrliche Sache. Es ist klar ersichtlich (oder sollte zumindest so sein), dass es sich um Werbung handelt (was man von PR zum Beispiel nicht unbedingt sagen kann). Und wenn Werbung jemanden zum Kauf (oder zur Buchung) überzeugt, dann ist das keine Gedankenkontrolle, sondern einfach die richtige Botschaft für den richtigen Empfänger.

Werbung kann neben Verkaufsförderung aber auch noch etwas viel Wertvolleres: und zwar Image aufbauen. Sie könnten zum Beispiel Ihre eigene Arbeit als Werbung schalten. Fotografen machen das in Fachmedien ständig – alle anderen Kreativen praktisch nie. Warum eigentlich? Es muss ja keine Anzeige sein. Ein YouTube-Video, ein kreativer Blog, eine Installation bei einer Fachveranstaltung – Sie sind Kreativer, Ihnen fällt schon was ein. Werbung wirkt immer dort am besten, wo sie bisher noch nicht war. Mein Minimalziel ist dabei immer, die Leute nicht zu nerven. Was bedeutet, meine Arbeit soll freiwillig angesehen werden. Und idealerweise unterhalte oder helfe ich sogar. Das macht nicht nur mehr Spaß beim Ausdenken – das macht der Zielgruppe auch mehr Spaß beim Zuschauen. Und Targeting-Banner für ein paar Euro auf Google oder Facebook können Sie ja immer noch machen.

Bleibt noch PR – der Geheimdienst unter den Werbe-
möglichkeiten. Freelancer werden vermutlich nur selten
eine Arbeit realisieren, die relevant genug ist, in der Fachpresse (oder gar *regulären* Presse) zu erscheinen. Für Firmengründer ist dieser Kanal einer der wichtigsten. Und der hat
zwei Seiten. Die gute Seite funktioniert so: Sie stellen eine
beeindruckende neue Arbeit, spannendes Making-of-Material und einige schlaue Zitate aus dem Team als Presse-Paket
zusammen und hoffen, dass ein Redakteur alles möglichst
genau so übernimmt. Sie arbeiten hier wie ein Redakteur:
Wie würde Ihre Arbeit im Heft bestmöglich aussehen? Wenn
die Texte zum Medium passen, die Bilder toll aussehen und
direkt im druckbaren Format (300 dpi) vorliegen, stehen die
Chancen nicht schlecht. Vor allem wenn Sie das Paket vorher
telefonisch in der Redaktion angekündigt und Vorfreude
erzeugt haben.

Zwischen Werbung und PR gibt es noch *Native Advertising*. Das könnte man auch die Imagekampagne der Schleich-
werbung nennen. Dort bieten besonders verzweifelte Medien
offen Werbeplätze im redaktionellen Umfeld an. Für Wer-
bungtreibende äußerst praktisch, für die Zielgruppe nah am
Beschiss.

Am besten machen Sie einen kleinen Mediamix für sich.
Christoph Mäsching verrät, was für seine Firma Nerdindustries gut funktioniert hat: »*Projekte in der Presse sind immer gut.
Dann melden sich Kunden auch von allein. Eine Website ist natürlich Pflicht – aber der mit Abstand größte Teil kommt über Mund-
zu-Mund. Ganz selten machen wir auch Kaltakquise, wenn wir
denken, dass ein Kunde gut passen würde. Wenn man das nicht
schrotgewehrartig macht, klappt das auch. Social Media machen
wir relativ wenig, weil wir damit einfach zu wenig neue Leute
erreichen. Ein Artikel in der Wired oder* PAGE *erreicht 100.000
Leute, ein Facebook-Post von uns 1.000 Leute – die uns alle ken-*

nen. Da wir so spezialisiert sind, wollen wir eher Leute, die uns noch nicht kennen.«

Probieren Sie am besten das gesamte Arsenal für sich aus. Sie werden recht schnell merken, was für Sie gut funktioniert und was nicht. Manche entwickeln mit den Jahren ein fast freundschaftliches Verhältnis zur Fachpresse und die PR läuft wie von allein. Andere werden zu wahren Social-Media-Profis mit einem riesigen Netzwerk. Und wieder andere merken, dass die Aufträge immer von selbst kommen, weil sich beeindruckende Arbeit von alleine herumspricht. Und das ist und bleibt die beste (und günstigste) Marketingkampagne von allen.

ERSTKONTAKT Manchmal können Sie sich auch das Schreiben sparen. Sie müssen gar nicht aktiv irgendwo den Fuß in die Tür kriegen, sondern die Auftraggeber kommen zu Ihnen. Da reicht es schon, Ihre Tür zu öffnen und ein *Willkommen*-Schild davorzuhängen. Eine Projektanfrage oder Buchung ist fast wie eCommerce – der letzte Schritt zum Kaufabschluss/Kontakt muss so einfach und problemlos wie möglich sein. Am besten ein Klick. Dabei ist es unwichtig, welche Kontakmöglichkeiten Sie gut finden. Bieten Sie einfach jede Möglichkeit an, die von Ihren Auftraggebern potenziell genutzt werden kann. Manche rufen gern an, manche schreiben lieber eine förmliche E-Mail und manche chatten einen sehr formlosen Einzeiler *(Hast du heute Zeit?)* rüber. Wenn es darum geht, es Ihren Auftraggebern/Käufern einfacher zu machen: lernen Sie von Amazon.

Und was sagen Sie dann? Die Frage, ob Sie siezen oder duzen, beantwortet sich meist mit dem ersten Satz – wenn der Auftraggeber Sie siezt, siezen Sie ihn auch. Ganz einfach. IKEA hat meiner Meinung nach einen coolen Umgang mit

dem Sie, der auch für weite Teile der Kreativbranche gilt:
Wenn sie mit der Allgemeinheit sprechen (zum Beispiel in
der Werbung), wird geduzt, im persönlichen Kontakt wird
gesiezt, es sei denn, der Kunde duzt den Verkäufer – dann
wird automatisch zurückgeduzt. Aber das ist auch immer
eine Frage der eigenen Persönlichkeit. Für einige Menschen
ist es sehr wichtig, gesiezt zu werden. Das sollten Sie respektieren. Ich duze zwar lieber, benutze aber in der Schriftform
trotzdem das Sie, wenn ich meinen Leser nicht persönlich
kenne. Aber das haben Sie ja schon gemerkt.

Sie sollten sich auch bei Smalltalk-Themen Ihrem Auftraggeber ein wenig anpassen. Es gibt Kunden, für die es zur
Höflichkeit bzw. zum normalen Umgang gehört, zuerst den
letzten Urlaub zu besprechen. Sie müssen sich aber auch
nicht verbiegen. Wenn Sie nicht gerne reden und auch nur
sehr kurze E-Mails schreiben – dann erklären Sie das einfach
zu Ihrem Markenzeichen. Steve Jobs war auch bekannt für
seine ultrakurzen Antworten (allerdings weniger für seine
überbordende Freundlichkeit). Inhaltlich wird sich so ein
Gespräch früher oder später um Ihren Preis drehen. Aber
dazu ist eine neue Überschrift nötig.

VOM WERT DER KREATION –

PREISFINDUNG Kreative sind traditionell nicht besonders talentiert darin, die eigene kreative Arbeit zu verkaufen. Die meisten von uns sind eher harmoniebedürftig und mehr an guter Kreation interessiert als an Geld – was uns zu *unkomplizierten* Verhandlungspartnern macht. Bevor wir einen Streit um Geld anfangen, lassen wir uns lieber runterhandeln. Für professionelle Einkäufer in Konzernen oder Personalchefs in großen Agenturen fühlen sich Preisverhandlungen mit uns Kreativen wie Freizeit an.

Was sind Sie wert? – das ist für jeden eine enorm schwierige Frage. Ein Festangestellter muss sie nur einmal vor der Vertragsunterschrift beantworten, ein Freelancer bei jeder Buchung aufs Neue und ein Firmengründer muss grundsätzlich entscheiden, wie hoch- oder niedrigpreisig er seine Leistung verkauft.

Der Unterschied zwischen einem Dienstleister und einem Künstler ist sein Preis. Wie oft standen Sie schon in einem Museum für Moderne Kunst und dachten sich: *Warum bekommt der für die zwei Striche zehn Millionen? Das kann ich doch auch.* Extrem vereinfacht gesagt, könnte man antworten: Sie haben einfach nie für zwei Striche zehn Millionen verlangt. Aber bevor Sie sich Stifte und Preisschild kaufen: so einfach ist es natürlich nicht (und der Kunstmarkt hat ganz eigene Regeln und Gesetze). Kreative brauchen eine Bestätigung und die kreative Reputation von den richtigen Leuten. Kreation wird immer subjektiv bewertet, daher fragt man Experten. (Ihre) Kreation wird in der Sekunde wertvoll, in der jemand sagt, sie sei wertvoll. In der Kreativbranche sind das zum Beispiel die Awards (mehr dazu stand im Kapitel *Portfolio, Portfolio & Portfolio* ab Seite 170). Kreative, die Preise aus den relevanteren Wettbewerben (zum Beispiel Cannes Lions, ADC etc.) vorweisen können, gelten per se als wertvoller. Auch Ihre Arbeit für oder mit bekannten Marken, Agenturen oder auch anderen Kreativen strahlt positiv auf Sie ab. Relevanter als Awards sind natürlich Ihre Arbeiten selbst. Erfolgreiche Arbeiten stehen über Experten-Meinungen. Einem Film, der millionenfach auf YouTube geklickt wurde oder wochenlang die Kinocharts anführt, kann eine negative Kritik herzlich egal sein. (Höchstwahrscheinlich kommen dann die Awards ohnehin von allein.)

Die folgenden Aspekte sollten Sie bei der Einschätzung Ihrer Arbeit bedenken:

▶ Haben Sie *Beweise* für die Qualität Ihrer Kreation
  (Awards, Erfolge etc.)?
▶ Wer außer Ihnen findet Ihre Kreation super?
▶ Wie teuer sind vergleichbare Kreative
  in Ihrem Bereich?
▶ Arbeiten Sie mit oder für bekannte Kreative
  oder Auftraggeber?
▶ Wollen Sie mit Ihrem Preis ein Signal setzen?
▶ Und als Ihren persönlichen Gegencheck
  (der Ihren Auftraggebern egal ist):
  Wie viel Geld brauchen Sie für Ihren
  Lebensstandard?

Die folgenden Beispiele zur Preisfindung sind für Freelancer formuliert, da sie neben Festangestellten und Firmengründern die flexibelste wirtschaftliche Einheit sind. Die grundsätzlichen Überlegungen gelten aber für jedes System.

Einen in jeder Hinsicht *guten* Preis für sich und seine Arbeit festzulegen, ist eine der anspruchsvollsten Aufgaben Ihrer Selbstständigkeit. Freie Unternehmensberater wissen meist genau, was sie wert sind, und fordern das auch ein.

Daher sind bei ihnen Tagessätze von mehreren tausend Euro keine Seltenheit, während freie Kreative durchschnittlich traurige 500 Euro am Tag verlangen. Warum? Ihre Achillesferse ist Ihre Arbeit. Die meisten Kreativen hängen zu sehr an ihr. Sie wollen, dass ihre Werke veröffentlicht werden! Journalisten und Texter schreiben, um von vielen Menschen gelesen zu werden. Musiker wollen gehört werden. Designer und Fotografen wollen ihre Werke möglichst vielen zeigen. – Das alles macht sie in Verhandlungen verwundbar.

Der – seit 25 Jahren frei arbeitende – Journalist Ulli Schauen sagt: »*Es ist eine Angestelltenmentalität, die Leute haben nicht gelernt, wie man etwas verlangt.*«

Willi Oberlander, Geschäftsführer des Instituts für Freie Berufe an der Universität Erlangen-Nürnberg, sagt: »*Viele Anbieter haben ein ausgesprochen schlechtes Verhältnis zur Betriebswirtschaftslehre. Sie kalkulieren kaum, arbeiten unwirtschaftlich, und das mitunter ganz bewusst, etwa um in einem Markt Fuß zu fassen.*« So verlangen Kreative laut Oberlander von sich aus oft nur Honorare, die kaum zum Leben reichen. Da würden Investitionsrücklagen nicht eingepreist und brutto mit netto verwechselt. »*Ein typischer Fehler ist auch, zu vergessen, dass ein Großteil der Arbeitszeit für nicht abrechenbare Tätigkeiten wie Akquise oder Weiterbildung draufgeht*«, wundert sich Oberlander.

Ihr Preis muss zum *Markt*, zu Ihrem kreativen *Anspruch* und nicht zuletzt zu Ihrem *Lebensstil* passen. Dazu gibt es folgende Herangehensweisen:

THEMA MARKT Ein optimaler Marktpreis bedeutet, dass Sie gebucht werden – und zwar so teuer wie möglich. Die meisten Kreativen achten zu sehr auf Buchungen und steigen zu niedrig ein. Zur sehr groben Orientierung hilft die 1,5-Prozent-Regel: 1,5 Prozent des durchschnittlichen Jahresgehalts als Festangestellter in Ihrer Branche ergibt Ihren Tagessatz als Freelancer. Bei 40.000 Euro brutto im Jahr hätten Sie also einen Tagessatz von 600 Euro. Bei zehn gebuchten Tagen pro Monat macht das 6.000 Euro – wovon allerdings noch Versicherungen und Steuern abgehen.

Etwas besser: Sie fragen Kollegen nach deren Tagessatz. Eine riskante Strategie, da deren Angaben oft höher ausfallen, als sie tatsächlich sind. Und wenn Sie deutlich über den Marktpreisen liegen, schießen Sie sich ins Aus. Also fragen Sie nach – aber bleiben Sie skeptisch.

Noch besser: Sie fragen bei Ihren Auftraggebern nach. Aber nicht die Personalabteilungen oder gar den Einkauf (denen es vor allem auf einen niedrigen Preis ankommt), sondern die Bereichsleiter oder Kreativdirektoren (denen es vor allem auf den Inhalt ankommt). Dort bekommen Sie eine realistische Einschätzung bzw. eine Preisspanne, was sie für andere Freelancer bezahlen.

THEMA LEBENSSTIL Der freie Controller Alexander Meneikis definiert seinen Tagesatz nach Lebensqualität: »*Ich habe alles ausprobiert – und am Ende bin ich bei der Frage gelandet: Wie will ich leben? Dann habe ich die Kostenrechnung rückwärts gemacht und meine gewünschte Privatliquidität festgelegt. Dazu noch ein zehnprozentiger Risikoaufschlag – so kam ich auf einen Monatsumsatz von 5.500 Euro. Macht einen Tagessatz von rund 500 Euro, denn ich kann nicht jeden Tag abrechnen. Klar interessiert es keinen Auftraggeber, wie ich leben will, aber siehe da, es passte zum Markt.*«

Für die meisten erfahrenen Kreativen lohnt hier sogar eine großzügigere Einschätzung, denn 500 Euro entsprechen einem Stundenlohn von 62,50 Euro – und dafür montiert Ihnen fast kein Handwerker ein Waschbecken an die Wand. Grundsätzlich ist diese Strategie aber ein guter Weg zu einer selbstbewussten Einschätzung – und für viele sehr schlecht bezahlte kreative Berufe (zum Beispiel Online-Journalisten) ein Ausweg. Denn diese Strategie definiert vor allem eine Untergrenze. Unter welchem Tagessatz dürfen Sie nicht arbeiten. Das ist das Wichtigste in Verhandlungen.

Passend dazu gibt es ein Online-Tool des BDG zur Stundensatzberechnung *(www.bdg-kalkulator.de)*, das unter anderem Ihre Ausgaben und Arbeitszeit mit einrechnet. Das Tool ist zwar eigentlich nur für Designer gedacht, aber die berücksichtigten Faktoren sind für fast alle Kreativen gleich.

THEMA ANSPRUCH Wenn Sie als Freelancer sehr teuer sind (>800 Euro/Tag), werden Sie eher für anspruchsvolle, spezielle Jobs gebucht – wenn Sie sehr billig sind (<400 Euro/Tag), eher für einfache Jobs, die vom Tisch müssen. Für beides gibt es einen Markt und beides kann Spaß machen. Schwierig wird es, wenn Sie sich falsch positionieren! Wenn Sie überqualifiziert anspruchslose Jobs machen, ist das auf Dauer genauso frustrierend (Langeweile/Boreout), wie unterqualifiziert anspruchsvolle Jobs zu machen (Stress/Burnout). Und dieses Spannungsfeld zwischen teuer/anspruchsvoll und billig/anspruchslos ist erstaunlich groß. Manchmal sogar gigantisch. Es gibt freie Texter, die berechnen 1 Cent pro Wort (zum Beispiel für Website-Content) – und welche, die über 1.000 Euro am Tag für drei Worte bekommen (zum Beispiel *Geiz ist Geil*). Auch ein Foto, Logo oder Layout gibt es für wenige Cent oder zehntausende Euro. Wenn es um Markenführung oder Corporate Identity geht, arbeiten Kreative oft wie Unternehmensberater – und werden ähnlich gut bezahlt.

Wenn Sie sich teuer verkaufen, wird Ihre Arbeit anders wertgeschätzt – weil Sie eben mehr wert ist. Was ich als Freelancer plötzlich an Wertschätzung gegenüber meinen Ideen erlebe, nur weil die jetzt soundso viel Geld am Tag wert sind, ist teilweise sehr erstaunlich. Selten wurde mir so bewusst, wie subjektiv der Wert von Kreation ist. Gehen Sie daher selbstbewusst mit Ihrer Arbeit um. Halten Sie sich vor Augen, dass Ihr Auftraggeber nicht kann, was Sie können. Es geht nicht um Almosen für Kreative, es geht um ein hartes Wirtschaftsgut, das dringend benötigt wird – und um Ihre Professionalität. Es gibt Kreative, die schämen sich *zu viel Geld zu verlangen* oder nehmen einen geringen Tagessatz, weil sie *sich damit wohler fühlen.* Dabei vergessen sie, dass ihre Arbeit in den allermeisten Fällen für eklatant mehr Geld weiterverkauft wird – oder es direkt erwirtschaftet.

Die Hamburger Karriereberaterin Svenja Hofert rät: *»Weniger feilschen, weniger Argumenteschieberei. Kein Auftraggeber ist an irgendwelchen Argumenten interessiert. Lieber sollten Sie sagen, was Sie wollen, und dann dazu stehen. Sie machen sich so mitunter unbeliebt, aber Sie müssen sich so verhalten. Auch als Kreativer sind Sie Unternehmer.«*

Bei Firmengründern wird der Preis oft in Marktforschungen und im Businessplan detailliert errechnet. Dazu gibt es ganze Regale voller Fachliteratur und ich will Sie hier nicht langweilen. Eine Ausnahme sind Online-Start-ups. Die scheitern enorm häufig daran, dass sie vor lauter kreativer Euphorie und ihrem Glauben an die Idee komplett vergessen, wie sie mit ihrem Produkt schlussendlich Geld verdienen. Im Zweifel werden Facebook, Google etc. zitiert, die anfangs lange nichts verdient haben, und plötzlich waren die Milliarden da. Natürlich ticken die USA anders, was (Risiko-)Investments angeht – aber zu glauben, dass ein solches Unternehmen so lange Zeit nicht ans Geldverdienen gedacht hat, sondern nur ans Weltverbessern – das ist nicht nur naiv, das ist einfach gelogen.

Ein genereller Hinweis zur Preisfindung: Steigen Sie lieber etwas zu hoch ein als zu niedrig. Preise gehen immer einfacher runter als rauf. Eine Preissenkung nimmt jeder Markt gerne an. Für eine Preiserhöhung brauchen Sie gute Argumente. Und die sind für Kreative nicht immer einfach zu finden. Einmal gesetzt, werden Sie Ihren Preis nur mit größtem Kraftaufwand deutlich steigern können. Und das gilt für alle Arbeitssysteme:

Als Festangestellter laufen Sie oft jahrelang hinter einer Gehaltserhöhung her. Als Freelancer stehen Sie bei Ihren Stamm-Auftraggebern mit Ihrem Tagessatz im System und es ist sehr mühsam bis unmöglich, den zu erhöhen. (Oft fällt dem Auftraggeber auch erst bei einer Preiserhöhung auf, wie viel Geld er für Sie schon ausgegeben hat, und er überdenkt die Zusammenarbeit mit Freelancern grundsätzlich.)

Und als Firmengründer haben Sie manchmal Verträge (oder Preislisten) über mehrere Jahre. Änderungen daran gehen meist vom Einkauf Ihres Auftraggebers aus, und die laufen fast immer in dieselbe Richtung: nämlich nach unten.

Wenn Sie also überlegen, ob Sie Betrag x oder Betrag x+y nehmen sollen, versuchen Sie es ruhig mal mit x+y. Wenn Sie sich am Ende doch auf x runterhandeln lassen, haben Sie eventuell immer noch genug.

PITCHES Wenn Sie Ihren Preis festlegen, sollten Sie auch Ihren Umgang mit Pitches definieren. Falls Sie zu den wenigen Glückseligen in der Kreativbranche gehören, die noch nie von einem Pitch gehört haben, eine kurze Erklärung: Wenn große und bekannte Auftraggeber eine Kreativfirma brauchen, finden sie diese meist durch einen Pitch. Dabei treten verschiedene Kreativfirmen gegeneinander an, indem jede mindestens einen Lösungsvorschlag für den Auftraggeber anbietet. Die beste Lösung bekommt den Etat. So zumindest der Idealverlauf.

In der Realität läuft ein Pitch so ab: Der Auftraggeber sondiert zuerst den Markt und stellt eine Shortlist aus mehreren Kreativfirmen zusammen, die für ihn in Frage kommen. Dabei orientiert er sich an seiner Erfahrung, einzelnen Persönlichkeiten, der Presse und Kreativ-Rankings. Diese Shortlist ist idealerweise recht kurz (zwei bis drei Firmen). Aber oft stehen sich über zehn Firmen gegenüber – was zumindest vermuten lässt, dass der Auftraggeber entweder sehr unsicher ist oder sich im jeweiligen Kreativmarkt nicht besonders gut auskennt. Daher werden solche Riesenpitches häufig von externen Pitch-Agenturen geleitet, die den Nebel lichten sollen. In einem solchen komplexen Prozess voller Parteien, die alle ihre eigene Agenda verfolgen, wird die eigentliche kreative Leistung häufig zur Randerscheinung. Aber das ist nicht die größte Gefahr.

Das Hauptproblem ist, dass Pitches sehr oft nicht oder nur sehr unzureichend bezahlt werden. Häufig arbeitet ein Dutzend Kreative mehrere Wochen bis Monate an einem großen Pitch, der pauschal mit zum Beispiel 5.000 Euro bezahlt wird. Das klingt in der ersten Sekunde viel, relativiert sich aber schnell, wenn Sie bedenken, dass alleine der Kreativdirektor in einem Monat schon mehr bekommt. Von den unbezahlten Pitches ganz zu schweigen. Leider haben sich in der Branche alle daran gewöhnt, aber eigentlich ist dieses System eine Frechheit.

Versuchen Sie einmal zwei Klempner zu einem Pitch einzuladen. Beide sollen Ihr Badezimmer renovieren, und der mit dem schöneren Bad wird fürstlich bezahlt. Der andere bekommt nichts. Die zeigen Ihnen den Vogel! Nun ist dieses Bild in der Branche durchaus bekannt und alle kichern in sich hinein – aber was keinem mehr auffällt ist, dass es im Kern genau dasselbe ist: Jemand braucht ein spezialisiertes Handwerk, was er selbst nicht leisten kann, und holt einen Experten. Der einzige Unterschied zwischen Klempnern und Kreativen ist der, dass die Kreativen das mit sich machen lassen. Immer und immer wieder. Weil sie unbedingt für diesen oder jenen strahlenden Markennamen arbeiten wollen oder weil sie auf den großen Etat schielen. Viele tappen auch in die Falle, einen großen Pitch allein mit Freelancern zu bestreiten. Abgesehen davon, dass der Auftraggeber nach dem Pitch plötzlich kein Gesicht mehr wiedererkennt (und Pitch-Entscheidungen hängen fast immer an Personen), gilt die Regel: Wer für einen Pitch keine Kapazitäten hat, der hat danach erst recht keine. Überstunden, Wochenendarbeit und Überlastung der Angestellten ist die Folge. Hier unterscheiden sich auch zwei Führungsstile: Es gibt Chefs, die sagen: *Kunden kommen und gehen, meine Leute sind das Wichtigste!* Und es gibt Chefs, die sagen: *Meine Kunden sind das Wichtigste, Leute kommen und gehen.* Hier müssen Sie eine grundlegende Entscheidung treffen.

Kaum eine hervorragende Firma zeigt Haltung und beschließt: *Wir pitchen nicht! Wenn sich ein Auftraggeber schon bei der Anfrage nicht entscheiden kann – wie soll er es später bei der Kreation können? Wir arbeiten nur für Auftraggeber, die unsere Arbeit und Meinung kennen und schätzen!* Das wäre eine vernünftige Haltung, die leider viel zu wenige haben.

VERHANDELN Der Kern jeder (guten) Verhandlung: <u>Was will der andere und was will ich?</u> – Beide müssen nachher glück-<u>lich (und zumindest zufrieden) sein.</u> Oft denken Sie nur dar-über nach, was Sie selbst wollen. Dann sind Sie später am Verhandlungstisch ganz überrascht, wenn der andere auch etwas fordert. Besser Sie denken vorher schon darüber nach, wie so ein Gespräch laufen könnte. Echte Profis spielen für eine wichtige Verhandlung vorher alle Optionen im Kopf durch. Das wirkt später souverän, eloquent und intelligent. (Ganz gut, oder?)

Der ehemalige US-Präsident Eisenhower sagte einmal: *»Pläne sind nichts, Planung ist alles.«* <u>Die besten Verhandlun-gen beginnen lange vor der eigentlichen Verhandlung – mit Recherche.</u> Sie müssen Ihren Auftraggeber genau kennen. Warum will er mit Ihnen arbeiten (und sollte das auch)? Was bieten Sie, was andere nicht bieten? Wie abhängig sind Sie von Ihrem Auftraggeber – oder er von Ihnen? Wie wertvoll ist Ihre Arbeit? Bekommt Ihr Auftraggeber die gleiche Arbeit auch von jemand anderem? Überlegen Sie sich, wie Sie sich trotzdem von Ihrer Konkurrenz abgrenzen können.

Ebenfalls hilfreich für entspannte Verhandlungen sind finanzielle Rücklagen. Achten Sie darauf, immer so viel Geld auf der Seite zu haben, dass Sie einige Monate gut auskom-men. Denn wenn Sie sich in einer Zwangssituation befinden (also den Auftrag unbedingt brauchen), verhandeln Sie auto-matisch ängstlicher und schwächer.

<u>Legen Sie vorher Ihre Schmerzgrenze fest.</u> Was wollen Sie unbedingt haben? Wo hört der Spaß endgültig auf? Gerade gegenüber Einkaufsabteilungen werden Sie diese Grenzen brauchen.

Apropos professionelle Einkäufer: Als frisch gebackener Selbstständiger vermutet man gern, dass Einkäufer erbar-mungslose, eisenharte, fast bösartige Menschen sind. Das

Problem ist viel häufiger das genaue Gegenteil: Viele Einkäufer sind leider nett! Bei einem Blödmann würde es Ihnen
schließlich viel leichter fallen, hart zu bleiben. Aber ein netter Mensch redet in einer Tour auf Sie ein, listet die gesamten Vorteile der zukünftigen Zusammenarbeit auf (auch solche, die bei näherer Betrachtung gar keine sind) und gibt
Ihnen insgesamt ein ganz warmes Gefühl. Und zack – verkaufen Sie sich viel günstiger als ursprünglich geplant.
Behalten Sie immer Ihre preisliche Untergrenze im Kopf.

Und Sie können natürlich dieselbe Strategie für sich
nutzen: Seien Sie freundlich und bleiben Sie locker. Wenn
Sie nervös werden, wittert Ihr Verhandlungspartner Schwä-
che und drängt Sie in die Ecke. Wenn Sie lässig bleiben, ver-
mitteln Sie, dass Sie nicht von diesem Auftrag abhängig sind
(selbst, wenn Sie es sind). Bleiben Sie sachlich und argumen-
tieren Sie nie mit Ihren Lebensumständen. Wenn Ihre Wohnung zu klein oder Ihr Hobby zu teuer ist – in einer Verhandlung hat das nichts zu suchen! Ihr Auftraggeber hat
nichts davon, wenn Sie eine größere Wohnung oder ein top
finanziertes Hobby haben. Der möchte Ihre kreative Kompetenz zum besten (also günstigsten) Preis bekommen.

Das ist auch die beste Strategie, falls Ihr Gegenüber
unsachlich argumentiert. Einige Junioren erzählten von
Gehaltsverhandlungen, in denen das Argument fiel, sie
bräuchten ja gar nicht mehr Geld, da sie schließlich bei den
Eltern oder in einer WG wohnten. Bleiben Sie auch hier einfach sachlich und antworten Sie, dass es um Ihre Arbeitskraft
und Ihr Talent geht und nicht um Ihre persönlichen Verhält-
nisse.

Weshalb eben der persönliche Lebenstraum auch nicht
den Tagessatz bestimmt, sondern der Markt – und der den
realisierbaren Traum. Sie sind das wert, was der andere zu
zahlen bereit ist. Und der verkauft Ihre Leistung mit Gewinn
weiter.

DER KLEINE UNTERSCHIED Der durchschnittliche Gehaltsunterschied zwischen Frauen und Männern in Deutschland beträgt 22 Prozent. In Zahlen ausgedrückt sind das bei 3.000 Euro Monatsgehalt für Männer nur 2.340 Euro für Frauen – für genau denselben Job mit denselben Anforderungen. Damit steht Deutschland europaweit traurig an der Spitze. Dafür gibt es viele Gründe: Männer-Netzwerke, Macho-Vorstände, Firmen-Patriarchen, *gelernte* Rollenverhältnisse und eine lange Geschichte der Frauen-Diskriminierung sind sicherlich Grund zum Jammern. Aber das ändert leider nichts. Das typische Bestseller-Sachbuch jammert eigentlich nonstop: Die Politik schläft! Männer-Netzwerke zerschlagen! Machos endlich Respekt beibringen! Mehr Respekt! Schweinesystem abschaffen! Sie würden vermutlich nickend vor diesem Buch sitzen, innerlich rufen: *Genau so ist es doch!*, aber am Ende bleibt alles, wie es ist. Okay, Sie sind vielleicht noch wütender als vorher. Spannender und sinnvoller ist die Frage: Was können Sie aktiv tun?

Falls Sie als Mann grade ans Weiterblättern denken – das gilt auch für Sie. Und zwar nicht nur, weil Männer als aufgeklärte moderne Typen umdenken oder mithelfen sollten, sondern auch aus Selbstschutz – denn Diskriminierung funktioniert leider in beide Richtungen. Und in der Kreativbranche gibt es viele Firmen, in denen Sie als Mann die deutlich unterrepräsentierte Minderheit sind. (Und es wird Ihnen schnell klar, wie manch unbedachte *lustige Anspielung* im Alltag wirklich ankommt.)

Der vielleicht wichtigste Grund für den Missstand: Frauen verkaufen sich tendenziell schlechter als Männer. Die Jahresgespräche, die ich als Kreativdirektor geführt habe oder von denen mir Kollegen erzählten, erfüllten fast immer das Klischee: Männer traten sehr selbstsicher (auch manchmal viel zu selbstsicher) auf: *Ich will 500 Euro mehr, sonst bin ich weg!* Frauen waren viel zurückhaltender, forderten oft gar nichts und wollten sogar nur wissen, ob sie denn gut genug waren. Frauen fragen sich häufiger *Kann/darf/soll ich das jetzt machen?* Oft begleitet von dem Gedanken *Was, wenn der andere das nicht gut findet?* Männer neigen eher zu dem Gedanken *Könnte klappen, probier' ich mal aus.* Oft begleitet von dem Gedanken *Wenn der andere das nicht gut findet, dann erzähl' ich dem was!* Dazu kommt die Hoffnung, dass man tendenziell weniger hart behandelt wird, wenn man weniger fordert. Das kann zutreffen – oder auch nicht. Dann verzichtet man umsonst.

Die Headhunterin Britta Hesse sagt: »*Der Gedanke, es wird schon gesehen, was ich Tolles gemacht hab, ist ein typischer Irrglaube. Das wird es nämlich meistens nicht. Und selbst wenn es gesehen wurde – wird es nicht unbedingt mit Ihnen in Verbindung gebracht.*« Männer lassen oft jeden sofort wissen, was sie grade wieder Tolles geleistet haben – selbst wenn das gar nicht so toll war.

Grundsätzlich ist es wie bei der Preisfindung: Äußern Sie klar, was Sie möchten, und denken Sie an Ihre Schmerzgrenze im Kopf. Das führt eher zum Erfolg als eine allzu vorsichtige Strategie. Sogar eine gewisse Abgebrühtheit kann nicht schaden. Auch hier unterscheiden sich Männer und Frauen deutlich. Ich habe in einer Freelancer-Gruppe Folgendes gefragt: *Mein Auftraggeber hat mir zehn Tagessätze für ein Projekt freigegeben – ich war aber schon nach vier Tagen fertig. Wie viel würdet ihr berechnen?* Die meisten Männer antworteten *acht bis zehn Tage*, die meisten Frauen *vier bis sechs*. Die Frauen waren nicht nur ehrlicher, sie wollten auch lieber die Anerkennung für Ihre schnelle Arbeit als die zusätzlichen Tagessätze. Von den Männern kamen eher Vorschläge wie: *Sag, du hast zwölf gebraucht, berechnest aber nur zehn, haha.*

Männer sehen vieles als Spiel, während Frauen sich häufiger hinterfragen. Vermutlich können beide Seiten von der jeweils anderen lernen.

Oder sehen Sie es so: Sie haben viele Jahre hart gearbeitet, damit Sie heute schneller fertig sein können. Wieso sollten Sie sich für Ihre Professionalität bestrafen? Seien Sie stolz auf Ihre gute Arbeit und stellen Sie diese auch so in Rechnung.

ELTERNZEIT Ging es nicht gerade noch um das Thema Verhandeln? Was hat Elternzeit jetzt hier zu suchen? Ganz einfach: Sie können schließlich nicht nur um Geld verhandeln. Als Eltern können Sie auch über Zeit mit und für die Familie verhandeln. Und zwar auch und gerade als Mann. Denn Männer müssen für ihr Recht Vater zu sein genauso kämpfen, wie Frauen für ihr Recht nicht nur Mutter zu sein.

Bei der Diskussion um Gleichberechtigung geht es seltsamerweise immer nur um die Frauen. Fast niemand bedenkt, dass es ausgerechnet die Männer sein könnten, die gleich beide Probleme lösen. Das Recht auf mehr Zeit als Vater. Männer, die Väter werden, müssen für Arbeitgeber genauso eine *Gefahr* darstellen, wie Frauen, die Mütter werden. Wenn heute ein Mann seinem Chef sagt, dass er Vater wird, sagt der Chef: Herzlichen Glückwunsch! Sagt eine Frau, dass sie Mutter wird, sagt der Chef (zumindest zu sich selbst): Mist – die ist weg. Wenn ein Chef bei beiden Geschlechtern zusammenzuckt, muss und wird sich etwas ändern – und zwar unser Umgang mit Eltern und Arbeit. Verhandeln Sie also nicht nur um Geld, sondern auch um Zeit. Nehmen Sie als Mann mehr als die mittlerweile gesellschaftlich akzeptierten zwei Monate Elternzeit. Es gelten dieselben Regeln wie beim Verhandeln um Geld: Steigen Sie hoch ein.

Ausnahmslos alle Kreativen, die ich zu diesem Thema befragt habe, fanden ihre Elternzeit fantastisch. Väter erzählten, dass sie eine bessere Bindung zu ihrem Kind bekommen hätten, Mütter genossen die gemeinsame Zeit oder die Möglichkeit schnell wieder in den Job einzusteigen und nicht selten änderten Eltern ihre komplette Einstellung zur Rollenverteilung oder Ihrem Arbeitssystem. Ein Vater merkte während der Elternzeit, dass er viel lieber die Kinderbetreuung übernehmen würde – und die Mutter spürte, wie sehr ihr der Job gefehlt hatte. Obwohl es anders geplant war, tauschten beide und sind damit seit Jahren glücklich. Mir fiel in meiner Elternzeit auf, dass ich seit meiner Einschulung vor ca. 30 Jahren nie länger als sechs Wochen nicht gearbeitet hatte. Dabei weiß jeder Kreative: Zeit macht faszinierende Dinge mit Ideen. Wie im Kapitel *Der Blick von oben* beschrieben, ziehen die Gedanken weitere Kreise. Während ich in den ersten zwei Wochen meiner Elternzeit noch über Veränderungen in meinem Job als Kreativdirektor nachdachte, war mir nach der siebten Woche endgültig klar, dass ich mich selbstständig machen will und werde.

Trauen Sie sich! Arbeitgeber müssen der Elternzeit nicht einmal offiziell zustimmen (inoffiziell sollten Sie das fairerweise trotzdem abklären). Es gilt sogar Kündigungsschutz bis zum Ende der Elternzeit, sobald die Erklärung abgegeben ist. Seit 2015 sind 24 Monate möglich, die in bis zu drei Blöcke aufgeteilt werden können. Während dieser Zeit gibt es Elterngeld, 67 Prozent des durchschnittlichen Nettoeinkommens – mindestens 300 und maximal 1.800 Euro. Für Eltern, die alles aufteilen (also Kinderbetreuung und parallel 25–30 Arbeitsstunden pro Woche) gibt es zusätzlich vier Monate *Partnerschaftsbonus*. Und das heißt nicht nur so – das ist so. Manchmal kann Bürokratie richtig romantisch sein.

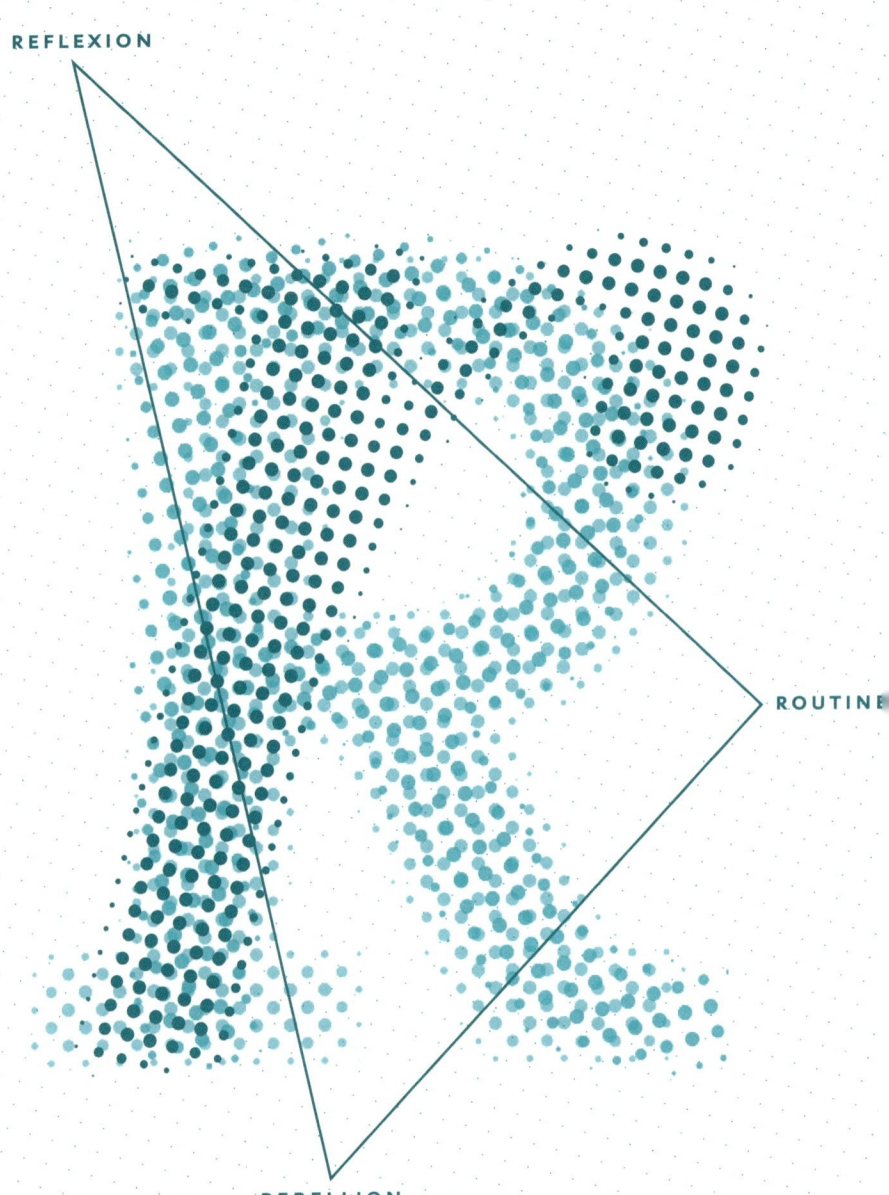

REFLEXION

ROUTINE

REBELLION

KAPITEL 7

REFLEXION, ROUTINE
&
REBELLION

Nach diesem Kapitel
empfehlen Sie dieses Buch
idealerweise weiter.

Waren Ihre Entscheidungen richtig? Wann sollten Sie
sich aufregen und wann nicht? Warum ist Routine für
Kreative ein Problem? Und vor allem: *»Wann hört der
Hennen endlich auf zu schreiben, damit ich loslegen kann?«*
(Nur noch zehn Seiten, versprochen!)

REFLEXION – BIN ICH NUR GENERVT ODER BIN ICH IM FALSCHEN JOB?

Jeder hat in jedem Job und in jedem Arbeitssystem mal schlechte Zeiten. Momente, in denen Sie am liebsten einfach alles hinschmeißen wollen. Das hat eventuell nichts mit Ihrem Job zu tun, denn das passiert sogar in Traumjobs: Der Musiker, der endlich im eigenen Studio steht, merkt, dass es neben Rock'n' Roll auch Bilanzen und Copyright-Streitereien gibt. Der Künstler, dessen Werke endlich verkauft werden, muss sich mit unangenehmen Galeristen rumärgern. Und der Designer, der endlich sein eigenes Atelier hat, merkt, dass ihm manche Auftraggeber nur auf der Nase rumtanzen. So ist das halt manchmal.

Aber eben nur manchmal. Wenn die Genervtheit keine Phase mehr ist, sondern ein Dauerzustand – sind Sie eben doch im falschen Job oder Arbeitssystem. Dabei ist es ein großer Unterschied, ob Sie sich über fachliche Dinge aufregen (gut) oder über politische/menschliche (schlecht). Dazu mehr im nächsten Kapitel. Aber auch fachliche Schwächen können sich zum echten Problem entwickeln. Denn es kann sein, dass Ihre kreative Arbeit einfach schlecht ist und es Ihnen niemand sagt. Eduardo García, vom Musikstudio German Wahnsinn, sagt: *»Wenn Sie nie eine kritische Ansage bekommen oder nur Leute um sich haben, die Ihnen sagen: Klasse, toll gemacht!, dann müssen Sie ganz vorsichtig sein. Dann arbeiten Sie in einer Blase, die zwar ganz angenehm ist, aber keinen interessiert und Sie nicht weiterbringt.«* Dagegen helfen Meilensteine zur Selbstreflexion. Setzen Sie sich ein Limit. Zum Beispiel: *Ich bin jetzt schon relativ lange genervt in meinem Job. Wenn ich in sechs Monaten immer noch genervt bin, ändere ich was!*

In der Festanstellung kann *ändern* ein Gespräch mit Ihrem Chef sein, in dem Sie ihm idealerweise schon

Lösungsvorschläge (andere Abteilung, anderer Job, andere Arbeitszeit etc.) anbieten. Gute Chefs werden Ihren Vorschlag annehmen, wenn sie dafür einen motivierteren Angestellten bekommen (und die neue Position gebrauchen können). Auch die eigene Firma können Sie anders strukturieren, genau wie Ihre Freelance-Tätigkeit oder Ihr Privatleben.

Meine Faustregel in über 15 Jahren Festanstellung war immer: *Ein halbes Jahr kann es mal schlecht laufen, ein ganzes Jahr eher nicht.* Nach einem halben Jahr habe ich intern nach Lösungen gesucht (siehe oben). Aber wenn alles so blieb und ich mich ein Jahr am Stück unwohl fühlte, habe ich die Firma gewechselt – oder mich zuletzt selbstständig gemacht. Ich kenne auch viele andere Kreative, die ähnlich vorgegangen sind. Nur der Zeitraum dieser *Schmerzgrenze* ist sehr individuell. Dem einen ist ein Jahr viel zu lang und sie handeln schon nach wenigen Wochen. Andere brauchen Jahrzehnte.

Wenn Sie sich intensiv Gedanken über Lösungsmöglichkeiten machen, werden Sie auch welche finden. Sie sind schließlich Kreativer!

RICHTIG AUFREGEN Wenn Sie sich aufregen, muss das nicht schlecht sein – denn offensichtlich ist Ihnen Ihr Job zumindest nicht egal. Wer sich aufregt, dem ist irgendwas wichtig. Zumindest, wenn es um fachliche Dinge geht. Zum Beispiel *Warum sieht das so aus und nicht so?*, *Warum ruckelt die Animation?*, *Warum klingt das so seltsam?* etc. Jeder Kreative mit hohem Qualitätsanspruch kann, sollte und wird sich über Dinge aufregen, die noch nicht seinen Vorstellungen entsprechen. Immer mit dem Ziel, ein besseres Ergebnis zu erzielen. Aufregen bedeutet übrigens nicht, Leute zu beschimpfen oder schlecht zu behandeln. Das ist und bleibt einfach schlechter Stil. Konstruktives Aufregen bedeutet: etwas stört Sie persönlich und Sie suchen eine Lösung für das Problem.

Schwierig wird es, wenn Sie sich vermehrt über politische oder menschliche Dinge aufregen. Zum Beispiel *Warum ruft die andere Abteilung hinter meinem Rücken meinen Auftraggeber an, um etwas zu ändern?*, *Warum wird hintenrum über XY schlecht geredet?*, *Warum werden schneller neue Projekte beschlossen, als sie ausgeführt werden können?* etc. Das sind Anzeichen für ein schlechtes Umfeld und eine lausige Kultur. Und darüber sollten Sie sich am besten gar nicht aufregen, sondern sich nach einem besseren Umfeld umsehen. Denn als Angestellter haben Sie kaum Einfluss auf die Firmenkultur – wenn die Führung nicht mitzieht.

Love it, change it or leave it, sind drei bewährte Optionen. *Hate it* ist keine davon. Die *Change-it*-Option ist die komplexeste. Denn ändern können Sie eine ganze Menge. Ihren täglichen Arbeitsritus, sich selbst oder zumindest Ihr Verhalten. Und natürlich können Sie Ihr Umfeld ändern. *Leave it*: Raus aus der Abteilung, der Firma, dem Land und rein in die eigene Firma. So lange, bis Sie bei *Love it* angekommen sind.

ROUTINE VS. KREATIVITÄT Sie machen Ihren Job gern, Ihre Handgriffe werden geübter und die Überraschungen weniger. Wenn Ihr Auftraggeber anruft, wissen Sie meist schon, was er von Ihnen will. Kurz: Sie bekommen Routine.

Aus Sicht der Gemütlichkeit ist Routine ein Traum. Sie erledigen solide und souverän Ihren Job. Da kann wenig schiefgehen. Aus wirtschaftlicher Sicht.

Aus kreativer Sicht ist Routine Ihr Endgegner. Routine ist das Gegenteil von Kreativität. Das zeigt schon die Definition des Wortes: *Kreativität ist die Fähigkeit, etwas vorher nicht da gewesenes, originelles und beständiges Neues zu kreieren.* Wie wollen Sie etwas grundlegend Neues erschaffen, wenn Sie jeden Tag mehr oder weniger dasselbe tun? Und damit ist kein konkretes Projekt oder ein bestimmter Auftraggeber gemeint. Allein die Abläufe und Strukturen, die in einer Firma zwangsläufig mit den Jahren zur Routine werden (und die auch fraglos eine große Hilfe darstellen), verhindern völlig neue kreative Lösungen.

Es gibt eine tückische Festangestellten-Falle, in der Sie sich einreden *Ich verdiene hier gutes Geld.* Dann lösen Sie sich emotional mehr und mehr von Ihrer Arbeit, bis Sie schließlich zu den 15 Prozent gehören, die innerlich gekündigt haben. Ihre eigene Portfolio-Qualität haben Sie bis dahin schon längt vergessen (bis Sie gezwungen werden, einen anderen Job zu suchen). *»Wenn Geld Ihr einziger Antrieb ist, sind Sie kein Kreativer«,* sagt Eduardo García.

Und auch als Firmeninhaber/Dienstleister sind Sie kein Leibeigener. (Und wenn doch, sollten Sie das vielleicht ändern!) Große Auftraggeber bieten Firmen zwar große Budgets – machen das wachsende Firmenkonstrukt aber auch immer träger. Sie sind mit Surfbrett gestartet und stehen jetzt auf der Brücke eines Tankers, der nur sehr langsam wenden kann. Mitarbeiter haben sich in ihren Positionen eingerichtet und finden Änderungen daran eher lästig. Bevor sich eine Firma an eine neue Technologie wagt, vergeht oft so viel Zeit, dass das Timing eng wird und man sich in der Eile lieber für etwas entscheidet, was man schon gut kennt. In Notsituationen fällt jeder in seine gewohnten Muster zurück.

Kreative Unternehmen kennen diese Gefahr und nutzen viele verschiedene und ständig neue Tools gegen die Routine: Die Büros bei Pixar sind nicht nur offen, sondern so gebaut, dass ständig jeder jedem über den Weg läuft und alle miteinander reden. Google entwickelt fast wöchentlich neue Kreativitätstechniken und Tools für die Mitarbeiter. Beim Software-Entwickler Valve gibt es keine festen Büros, sondern fahrbare Schreibtische für ständig neue Team-Zusammensetzungen. Denn dort muss jeder seine Idee oder sein Projekt den Kollegen intern verkaufen und sie davon überzeugen, daran mitzuarbeiten. Die Digitaldienstleister Nerdindustries oder Demodern betreten mit fast jedem Projekt Neuland und müssen zuerst Abläufe und Projektmanagement neu aufsetzen.

Ob Routine wirklich vermieden werden kann, liegt an der Firmenkultur und dem gelebten Veränderungswillen. Aber es ist ein Zwiespalt, denn was für die Kreation eine Gefahr ist, freut das Controlling und Projektmanagement: wenig Risiko, gelernte und effiziente Abläufe und kontrollierbare Kalkulation. Dagegen kann kein wirtschaftlich denkender Mensch (und auch kein Kreativer) etwas haben.

Daher machen die meisten erfolgreichen Firmen beides. Sie haben einen großen Routine-, Brot-&-Butter-, Cashcow-Bereich, mit dem sie den Großteil ihres Geldes erwirtschaften. Und einen Bereich für *Forschung und Entwicklung,* mit dem sie ihre Zukunft sichern. Ein naheliegender Tipp für ambitionierte Kreative ist, eher im oder für den letzteren Bereich zu arbeiten.

Sobald Sie Ihren Job im Griff haben (also eine Routine entwickelt haben), wird es für Sie als Kreativen latent langweilig. Dann wird aus dem brennenden Kreativen der kühle Handwerker. Das Erlernte wird mit großem Geschick angewandt, aber kreative Überraschungen oder große Sprünge bleiben aus. Warum sollte man auch, klappt ja alles. Das ist die Falle: <u>Routine kommt ganz sympathisch und locker daher.</u> Böse Kunden und doofe Chefs hat man immer schnell als Kreations-Feinde auf dem Zettel. Aber über die regt man sich auf! Und solange man sich aufregt, steht man wenigstens für etwas und es ist einem nicht egal. Die Routine kommt aus einem selbst. Sie frisst einen von innen auf. Das merken Sie eventuell auch daran, dass Sie sich kaum noch über beeindruckende Kreation in Ihrem Bereich freuen. Sie schauen es an und denken: joah, ganz nett. Das ist exakt der Moment, an dem die Routine gegen die Kreation gewonnen hat. Das Feuer ist erloschen.

Der Sternekoch Francis Mallmann hat dagegen ein radikales Mittel: er arbeitet nur mit blutigen Anfängern und baut sie auf. Sobald sie alles gelernt haben und sicher in ihrer Arbeit sind, wirft er sie raus. Mallmann sagt: »_Sobald Kreative alles können, werden sie gemütlich. Also müssen sie etwas Neues machen._« Diese Langeweile ist neben vielen anderen Gründen auch eine Erklärung für die hohe Fluktuation in kreativen Berufen. Während andere Menschen problemlos 40 Jahre in einer Firma bleiben können, werden Kreative oft schon nach zwei bis drei Jahren nervös und beginnen sich umzuschauen. Und das ist auch gut so.

DAS ZIEL ALS PROZESS Wenn Sie langfristig kreativen Erfolg anstreben, sollten Sie sich von Zeit zu Zeit neu erfinden. Vor allem amerikanische Firmen und Kreative haben das Talent, in einem (für Deutsche) chaotischen Prozess eine noch viel spannendere Chance zu sehen, auf die sie sich mit Elan stürzen.

Madonna passt sich seit über 30 Jahren jedem Pop-Jahrzehnt und Trend an. Nike verkauft schon lange nicht mehr nur Turnschuhe, sondern hat sie mit Nike+ auch erfolgreich digitalisiert.

Der Street-Artist Shepard Fairey wurde mit seiner *Obey-Giant*-Aufkleberkampagne bekannt und entwickelte seinen Stil weiter, den er in unzähligen Prints bis heute verkauft. Er gründete auch zwei Werbeagenturen und ein Mode-Label. Die Firma Valve startete ursprünglich als normales Computerspiele-Studio. Für ihren ersten Titel *Half-Life* entwickelten sie eine eigene Grafik-Engine, die so gut war, dass auch andere Studios sie haben wollten. Das war nicht nur ein schönes Kompliment, sondern höchst einträglich – Valve verdiente allein mit der Engine schnell mehr als mit ihren Spielen. Aber auch dieser Bereich sollte lukrativer werden, also suchten sie eine günstige Vermarktungsplattform, die es für PC noch nicht gab. – Die kreierten sie daraufhin selbst und öffneten sie für andere Studios. Heute ist *Steam* die mit Abstand führende Downloadplattform für PC-Spieler und Valve eine der reichsten Firmen im lukrativen Spielemarkt. Wenn Sie im Netz nach *Valve Handbook* suchen, finden Sie ein PDF für neue Mitarbeiter, in dem beschrieben wird, wie der ständige Erneuerungs- und Zielprozess genau funktioniert.

Wer ständig etwas Neues ausprobiert, macht naturgemäß auch ständig neue Fehler. Das ist in einer guten Firma nicht nur völlig akzeptiert und respektiert – sie ermutigt Mitarbeiter auch, Erkenntnisse aus Misserfolgen mit allen zu teilen. Lieber ein gescheiterter Versuch als langweilige Routine!

Die Bestsellerautorin Cornelia Funke sagt: *»Ich bin einige Male gescheitert, aber ich habe immer versucht, daraus zu lernen. Ich glaube inzwischen, dass das Ziel des Lebens nicht unbedingt das Glück ist. Das Leben gleicht wohl eher einem Hürdenlauf: Die schweren Zeiten gehören dazu. Als ich die Tintenwelt-Trilogie abgeschlossen hatte und mit einer neuen Buchreihe anfing, der Spiegelwelt-Serie, waren meine Leser erbost und frag-*

ten: *Warum schreibt sie denn nicht noch ein Tintenbuch? Aber für mich war das einer der wichtigsten Momente meiner Karriere. Ich musste mich fragen: So, du kannst jetzt den bequemen Weg gehen und schreibst noch ein Tintenbuch – oder du sagst Nein. Ich habe mich gegen den planbaren Erfolg entschieden. Vier Jahre lang habe ich Bücher geschrieben, die keiner wollte, weder meine Leser noch mein Verlag. Es hört sich etwas pathetisch an, zu sagen: Wenn man sich treu bleibt, zahlt es sich aus. Aber in meinem Leben hat es sich oft bewiesen. Jedes Mal, wenn ich mich für den unbequemeren Weg entschied, war die Ernte besonders reich. – Sich etwas Schwieriges zuzutrauen befreit innerlich, und schafft man es, dann traut man sich plötzlich alles zu. Es ist, als ob das Leben einem ab und zu einen goldenen Schlüssel reicht, der klebrig ist von Angst. Doch wenn man die Angst überwindet und ihn benutzt, ist die Belohnung unglaublich. Bevor ich 40 war, war ich ein richtiger Reisemuffel, ich fand schon eine Fahrt von Hamburg nach Frankfurt unerquicklich und wollte eigentlich nirgendwohin. Diese kleinen Ängste, dieses Ich will jetzt nicht weg, ich habe es gerade so gemütlich und so sicher, das sind oft die lästigsten. Ich habe selber lange so gelebt, ohne zu merken, dass dadurch die geringste Änderung des Vertrauten zum Stress wird. Ich halte inzwischen Gemütlichkeit und Sicherheit für die gefährlichsten Dinge im Leben überhaupt. Je öfter man sich Veränderungen und neuen Situationen aussetzt, desto mutiger und stärker wird man.*«

FEUER & LIEBE Denken Sie weniger über das Machen nach, hören Sie weniger schlauen Leuten zu, die das Machen predigen, besuchen Sie weniger Kongresse, die das Machen zelebrieren, lesen Sie weniger Bücher über das Machen, sondern: Machen Sie einfach! Dieses Buch ist gleich vorbei, das Timing könnte nicht besser sein. Verändern Sie etwas und entfachen (wieder) Ihr Feuer für großartige Kreation.

Ihr Feuer macht den Unterschied. Jeder Job kann als Tagesgeschäft weggeschrubbt werden – oder als Chance für eine außergewöhnlich neue Idee dienen. Jeder einzelne kleine Job. Marilyn Monroe sagte einmal: »*Eine Party ist immer nur so gut, wie man selber drauf ist.*« Das gilt auch für Briefings. Ihr Blickwinkel ändert alles. Ihre Liebe zur Ihrer Arbeit. Ihr Feuer.

Wenn Sie spüren, dass Sie immer seltener oder gar nicht mehr für Ihre Arbeit brennen, dann ändern Sie etwas! Jeder, wirklich jeder Kreative kämpft gegen schwierige Auftraggeber, Zeit- und Geldmangel oder plötzlich auftretende Probleme. Der Unterschied zwischen guten und schlechten Kreativen ist einfach der, dass die guten nicht aufgeben – und ihr Feuer so lange brennen lassen, bis das Wasser endlich kocht. Irgendwann kocht es immer.

Versuchen Sie auch aus vermeintlich schlechten Projekten und Situationen das Beste herauszuholen. Oft ist man selbst überrascht, wie gut etwas noch geworden ist – und das obwohl der Auftraggeber vielleicht sogar mit einer viel geringeren Qualität zufrieden gewesen wäre. Es geht um Sie als kreative Marke und Ihr Leben.

In allen Ecken hocken Menschen
mit einem riesengroßen Schlauch.
Sie wollen dein Feuer löschen
und darum lauern sie dir auf.
Die einen feiern nur das Gestern
und spritzen mit Vergangenheit.
Andere meinen Kohle wirkt noch besser
und sprühen Euros in die Flammen rein.

Also pass auf!
Denn das Wichtigste ist,
dass das Feuer nicht aufhört zu brennen.
Denn sonst wird es ganz bitterlich kalt.
Ja, die Flammen im Herzen,
die sind durch nichts zu ersetzen.
Darum halt sie am Laufen mit aller Gewalt!

JAN DELAY

Dabei wünsche ich Ihnen viel Erfolg!

Und jetzt: **Feuer!**

QUELLEN
&
DANK

Nach diesem Kapitel wissen Sie,
mit wem dieses Buch entstanden ist.

Dieser Anhang mit Quellen-Verweisen hat zugegebe-
nermaßen beim Schreiben wenig Freude gemacht. Also
soll er wenigstens nützlich sein. Daher habe ich diese
Liste nicht wie üblich alphabethisch sortiert, sondern
in der Reihenfolge des Erscheinens der Quellen im
Buch.
Außerdem habe ich nur Quellen in die Liste auf-
genommen, die es auch wirklich ins Buch geschafft
haben und nicht alles, was ich jemals zum Thema gelesen habe. Einige besondere Empfehlungen sind geson-
dert hervorgehoben.

QUELLEN

KAPITEL 1

>> Marco Nink: Engagement Index. Die neusten Daten und Erkenntnisse aus 13 Jahren Gallup-Studie. München: Redline 2015.

>> Gunnar Stenzel: Lust oder Frust in der Medienbranche. www.skjlls.com/de/study.html, 2015.

>> Dominic Veken: Wofür arbeiten wir eigentlich? www.enorm-magazin.de/ wofuer-arbeiten-wir-eigentlich. Erschienen in enorm Magazin 05/15.

>> Tom Hanks: Tom Hanks Tribeca Film Festival Talk. www.businessinsider.de/ tom-hanks-tribeca-film-festival-talk-2016-4, 23. April 2016.

>> Björn Kern: Macht nichts. www.zeit.de/2016/11/arbeit-nichtstun-faulheit-freizeit-geld, 29. März 2016.

>> D&AD: The Copy Book. Köln: Taschen 2011.

>> Wolf Lotter: Room to move. www.brandeins.de/archiv/2015/ immobilien/wolf-lotter-einlei-tung-immobilien-room-to-move/. Erschienen in brandeins Magazin 10/15, Schwerpunkt Immobilien.

>> David G. Myers: Psychologie. Springer-Lehrbuch. Berlin: Springer 2008.

>> Jutta Heller: Resilienz. Innere Stärke für Führungskräfte. Zürich: Orell Füssli 2015.

>> Thomas Daigeler, Franz Hölzl, Nadja Raslan: Führungs-techniken. Freiburg: Haufe Lexware 2015.

>> Oskar Negt: Arbeit und menschliche Würde. Göttingen: Steidl 2001.

>> Nils Markwardt: Einmal Leben mit Happy End, bitte. www.zeit.de/kultur/2015-12/ selbstverwirklichung-optimie-rung-essay, 3. Januar 2016.

>> Peter Sloterdijk: Du musst dein Leben ändern: Über Anthropotechnik. Frankfurt: Suhrkamp 2012.

>> Stromberg: Staffel 1. Brainpool, 2014.

>> Statista: Was halten Sie persönlich im Leben für besonders wichtig und erstrebenswert? Studie 2015/2016.

>> Absolventa: Einstiegsgehälter. www.absolventa.de/karriere-guide/arbeitsentgelt/einstiegsge-halt, 2015.

>> Deutsche Rentenversiche-rung: Scheinselbstständigkeit. www.deutsche-rentenversiche-rung.de/, 2016.

>> VGSD: Kampagne Schein-selbstständigkeit. www.vgsd.de/ kampagne-scheinselbststaendig-keit/, 2016.

>> Johann Wolfgang von Goethe: Concerto Dramatico. Reprint. Nabu Press 2011.

>> Hans Georg Häusel: Think Limbic! Freiburg: Haufe Lexware 2005.

>> Max Frisch: Fragebogen. Frankfurt: Suhrkamp 1998.

>> Eberhard Ulich: Arbeitspsy-chologie. Freiburg: Schäffer-Poeschel 2005.

» Frank Berzbach:
Kreativität aushalten.
Mainz: Hermann Schmidt
2010.
» Frank Berzbach: Die Kunst
ein kreatives Leben zu führen,
Mainz: Hermann Schmidt
2015.
» Eskil Burck: Angst und
Stress neu bewerten. Podcast.
www. psychologie-lernen.de,
2015.
» A.J. Crum, P. Salovey,
S. Achor: Rethinking stress:
The role of mindsets in
determining the stress
response. Journal of
Personality and Social
Psychology, 104, 716–733, 2013.
» A. Keller, K. Litzelman,
L.E. Wisk, T. Maddox,
E. Cheng, P.D. Creswell, W.P.
Witt: Does the perception
that stress affects health
matter? Health Psychology,
677–684, 2012.
» Juliane Strack, Paulo N.
Lopes, Francisco Esteves: Will
you thrive under pressure or
burn out? Linking anxiety
motivation and emotional
exhaustion, cognition and
emotion. Berlin: Research-
Gate 2014.
» J.P. Jamieson, W.B.
Mendes, E. Blackstock,
T. Schmader: Turning
the knots in your stomach
into bows: Reappraising
arousal improves perfor-
mance on the GRE. Journal of
Experimental Social
Psychology, 2010.

KAPITEL 2

» Statistisches Bundesamt:
Kapitel 13 Arbeitsmarkt aus
dem Statistischen Jahrbuch
2015. www.destatis.de/DE/
Publikationen/Statistisches-
Jahrbuch/Arbeitsmarkt.pdf.
» Achim Schaffrinna: Wie
Designer arbeiten. Studie
Designtagebuch.de, 2014.
www.designtagebuch.de/
download/Studie-Wie-Desig-
ner-arbeiten.pdf.
» Dr. Georg Metzger:
KfW-Gründungsmonitor
2014, 2015 und 2016. www.kfw.
de/KfW-Konzern/Service/
Download-Center/
Konzernthemen-(D)/
Research/Studien-und-Mate-
rialien/KfW-
Gr%C3%BCndungsmonitor/.
» Gunnar Stenzel: Lust oder
Frust in der Medienbranche.
www.skjlls.com/de/study.
html, 2015.
» PAGE Magazin: MeCo-
nomy! Existenzgründung in
der Design- und Digitalbran-
che. Erschienen in Heft
07/2015.
» PAGE Magazin:
Selfmarketing – Tipps &
Inspiration. Erschienen in
Heft 12/2014.
» PAGE Magazin: 10 Fragen,
die Kreative heute bewegen.
Erschienen in Heft 12/2015.
» Paul Arden: Whatever You
Think, Think the Opposite.
London: Penguin 2006.

» BMWI: Unternehmensgrün-
dungen und Gründergeist in
Deutschland 2016. www.bmwi.
de/DE/Themen/Mittelstand/
Gruendungen-und-Unterneh-
mensnachfolge/existenzgruen-
dung.html.
» DIHK: Gründerreport 2015.
www.dihk.de/themenfelder/
gruendung-foerderung/
unternehmensgruendung/
umfragen-und-prognosen/
dihk-gruenderreport.

KAPITEL 3
» Filipe Carvalho: OFFF 2015.
Let's feed the future, Vortrag am
29. Mai 2015. www.2015.offf.ws/
artists/xeG/filipe-carvalho.
» Bertrand Russell: Mortals
and Others. The Triumph of
Stupidity. American Essays
1931–1935. Oxon: Routledge
Chapman & Hall 1998.
» Jack Ma: How to be
successful in life. YouTube,
www.youtu.be/QCr9-7It7fY,
12. Juni 2015.
» Bronnie Ware: 5 Dinge, die
Sterbende am meisten bereuen.
München: Goldmann 2015.
» George Lois: Damn Good
Advice (for People With Talent!).
London: Phaidon 2012.

KAPITEL 4
» Frank Berzbach: Die Kunst
ein kreatives Leben zu führen.
Mainz: Hermann Schmidt 2015.
» Stan Lee: Amazing Fantasy
#15, featuring Spiderman,
New York: Marvel 1962.

» Ed Catmull: Creativity, Inc.
Overcoming the Unseen Forces
That Stand in the Way of True
Inspiration. London: Bantam
Press 2014.
» Absolventa: Einstiegsgehälter.
www.absolventa.de/karriere-
guide/arbeitsentgelt/einstiegsge-
halt, 2015.
» Gunnar Stenzel: Lust oder
Frust in der Medienbranche.
www.skjlls.com/de/study.html,
2015.
» Andri Jürgensen: Praxishand-
buch Künstlersozialabgabe.
Kiel: Kunst Medien Recht 2015.
» Sarah Levy, Samy Deluxe:
Über Geld spricht man nicht.
www.zeit.de/2016/23/samy-
deluxe-rapper-geld-steuerbera-
ter.
» Eva Vogelsang, Prof. Dr.
Christian Fink, Matthias
Baumann: Existenzgründung
und Businessplan: Ein Leitfaden
für erfolgreiche Start-Ups.
Berlin: Erich Schmidt 2015.
» Monocle: The Monocle Guide
to Good Business.
Berlin: Gestalten 2014.
» Oswald Bumke: Erinnerun-
gen und Betrachtungen.
München: Pflaum 1952.

KAPITEL 5
» Wolf Schneider: Deutsch für
Profis: Wege zu gutem Stil.
München: Goldmann 2001.
» Hilmar Klute, Joachim
Käppner: Das Streiflicht:
Neueste Nachrichten aus der
gedeuteten Welt. München: Süd-
deutsche Zeitung Edition 2013.
» Hermann Vaske: Standing on
the Shoulders of Giants.
Berlin: Gestalten 2001.

≫ Vitruv: Zehn Bücher über Architektur: Dr architectura libri decem. Berlin: Marix 2015.

KAPITEL 6

≫ Karl Schneider: Werbung in Theorie und Praxis. Waiblingen: M & S 2003.

≫ Howard Luck Gossage: The Book of Gossage: A Compilation-Which Includes „Is There Any Hope for Advertising?". Chicago: Copy Workshop 1995.

≫ Thomas Fritzsche: Souverän verhandeln: Psychologische Strategien und Methoden. Bern: Hans Huber 2013.

≫ Svenja Hofert: Meine 100 besten Tools für Coaching und Beratung. Offenbach: Gabal 2013.

≫ Christian Sywottek: Was Wissen wert ist. www.brandeins. de/archiv/2014/geld/was-wissen-wert-ist/. Erschienen in Brand Eins Magazin 06/2014 – Schwerpunkt Geld.

≫ ZEIT Spezial: Check. Wie Männer und Frauen um Gehalt verhandeln, 02/2015.

≫ Varinia Bernau: Ungleiche Bezahlung bei lockerer Atmosphäre. www.sz.de/1.2578137. Erschienen in Süddeutsche Zeitung, 22. Juli 2015.

≫ Statistisches Bundesamt: Gender Pay Gap 2014. Deutschland weiterhin eines der Schlusslichter in der Europäischen Union. www.destatis.de/Europa/DE/ Thema/BevoelkerungSoziales/ Arbeitsmarkt/GenderPayGap. html.

KAPITEL 7

≫ David Gelb: Chef's Table. Netflix. Staffel 1, Folge 3. Francis Mallmann, 2015.

≫ Shepard Fairey: Supply and Demand. Borkeley: Gingko Press 2009.

≫ Cornelia Funke: Das Ziel des Lebens ist nicht unbedingt das Glück. www.zeit.de/zeit-magazin/2015/24/cornelia-funke-rettung. Erschienen in ZEIT Magazin 24/2015.

≫ Donald Spoto: Marilyn Monroe: The Biography. London: Arrow 1994.

≫ Valve: Handbook for new employees. www.valvesoftware. com/company/Valve_Handbook_LowRes.pdf, 2012.

≫ Jan Delay: Feuer. Songtext. Musik & Text: Jan Phillip Eissfeldt, MATTHIAS ARFMANN. © Arabella Musikverlag GmbH, © TURTLE BAY COUNTRY CLUB EDITION.

BILDQUELLEN

≫ Seite 16 © Google.

≫ Seite 23 © Dioma. www.dioma.deviantart.com/art/ Textures-Various-Materials-58080744

≫ Seite 30, 31 © Anna Lindner.

≫ Seite 61 © Ed Gregory. www.pexels.com/photo/ bird-s-eye-view-cars-crossing-crossroad-5486/

≫ Seite 100 © Elisabetta Foco. www.unsplash.com/photos/ dFkCXUMB4r4

DANK Für dieses Buch habe ich viele Interviews geführt. Manche unter vier Augen, mit Aufnahmegerät auf dem Tisch, andere in Chats und einige einfach abends an der Bar. Besonders die Mischung der Lebensläufe und -Konzepte und die jeweiligen Erfahrungen machen das Buch zu der nützlichen und neutralen Hilfe, die es hoffentlich geworden ist.

IHR SEID SUPER:

»Fabian Frese« Angestellter, Freelancer, Geschäftsführer Kolle Rebbe

»Philipp Feit, Eduardo García und Ralf Lippmann« Angestellte, Firmengründer German Wahnsinn Studio

»Nikolas Kittner« Angestellter, Freelancer, Firmengründer Labelit

»Christoph Mäschig« Angestellter, Freelancer, Firmengründer Nerdindustries

»Melanie Hölting-Eckert« Angestellte, Freelancerin

»Oliver Kohtz« Angestellter, Freelancer, Firmengründer Jö Makrönchen

»Rudolf Rüssmann« Angestellter, Freelancer

»Jakob Berndt« Angestellter, Firmengründer Lemonaid

»Till Diestel« Angestellter

»Emil Möller« Angestellter, Freelancer

»Martin Graß« Angestellter, Freelancer

»Udo Heinrich Hennen« Angestellter, Papa

»Jürgen Alker« Angestellter, Firmengründer Swipe/SinnerSchrader

»Holger Kohl« Angestellter, Freelancer, Firmengründer Rainmap

»Jessica und Paul Sorge« Angestellte, Freelancer, Firmengründer Kleine Möwe

Und dann sind da natürlich noch die Personen, ohne die dieses Buch gar nicht erst entstanden wäre. Allen voran natürlich meine Verleger »*Karin und Bertram Schmidt-Friderichs*«. Ohne Karins Lektorat wäre dieses Buch doppelt so dick und halb so nützlich. Und ohne die Gestaltung von »*Anna Lindner*« und »*Isabell Henninger*« wäre es nur halb so schön.

Die hätte ich alle niemals kennengelernt, wären da nicht »*Matthias Berg*« und »*Nicole Petrucela*« von der Texterschmiede Hamburg gewesen. Danke auch an »*Thomas Latus*« und »*Alex El-Meligi*« für das gemütliche Schreibklima in euren Büros.

»*Elvis Presley*« für alles.

Meinen großartigen Eltern »*Dorothee und Udo Heinrich Hennen*« – mich zu zeugen hat mein Leben wirklich enorm verbessert. Dafür kann man gar nicht genug danken.

Und dann ist da noch eine Person ...

»*Christine Graf*«, die großartigste Frau, beste Mutter, intelligenteste Texterin und coolste Freundin der Welt. Ohne sie würde es dieses Buch gar nicht und mich nur zu Hälfte geben.

Ich bin jeden Tag stolz, mit ihr verheiratet zu sein.

IMPRESSUM

1. AUFLAGE © 2016 Verlag Hermann Schmidt und beim Autor

GESTALTUNG Bertram Schmidt-Friderichs, Anna Lindner, Isabell Henninger
SATZ Anna Lindner, Isabell Henninger
KORREKTORAT Karoline Deißner
VERWENDETE SCHRIFT FF Nexus Sans, Serif und Mix von Martin Majoor
PAPIER Munken Polar rough, 1,4 vol FSC
GESAMTHERSTELLUG Kösel, Altusried

WIR ÜBERNEHMEN VERANTWORTUNG. Nicht nur für Inhalt und Gestaltung, sondern auch für die Herstellung. Das Papier für dieses Buch stammt aus sozial, wirtschaftlich und ökologisch nachhaltig bewirtschafteten Wäldern und entspricht deshalb den Standards der Kategorie FSC Mix. Außerdem ist die Druckerei FSC- und PEFC-zertifiziert. FSC® (Forest Stewardship Council) ist eine Organisation, die sich weltweit für eine umweltgerechte, sozialverträgliche und ökonomisch tragfähige Nutzung der Wälder einsetzt. Durch die Zertifizierung ist sichergestellt, dass kein illegal geschlagenes Holz aus dem Regenwald verwendet wird, Wäldern nur so viel Holz entnommen wird, wie natürlich nachwächst, und hierbei klare ökologische und soziale Grundanforderungen eingehalten werden. »Die Zukunft sollte man nicht vorhersehen wollen, sondern möglich machen.« Antoine de Saint-Exupéry

BÜCHER HABEN FESTE PREISE! In Deutschland hat der Gesetzgeber zum Schutz der kulturellen Vielfalt und eines flächendeckenden Buchhandelsangebotes ein Gesetz zur Buchpreisbindung erlassen. Damit haben Sie die Garantie, dass Sie dieses und andere Bücher überall zum selben Preis bekommen: Bei Ihrem engagierten Buchhändler vor Ort, im Internet, beim Verlag. Sie haben die Wahl. Und die Sicherheit. Und ein Buchhandelsangebot, um das uns viele Länder beneiden.

verlag hermann schmidt Gonsenheimer Straße 56 | 55126 Mainz
Tel. 06131–50600 | Fax 06131–506080
info@verlag-hermann-schmidt.de | www.verlag-hermann-schmidt.de
Facebook: Verlag Hermann Schmidt Mainz | Twitter: VerlagHSchmidt

ISBN 978-3-87439-874-9

PRINTED IN GERMANY WITH LOVE. And fire.